종교와 건강의 관계를 다룬 실증적 연구들은, 여러 이유로 현재 어떤 신앙 공동체에도 속해 있지 않은 이들에게 다시 공동체의 품으로 돌아오라는 초대장이 될 수 있다. 레베카 맥러플린은 이 책에서 압도적인 설득력을 발휘하며 그 초대장을 전한다.

타일러 밴더윌

하버드대학교 공중보건대학원 역학 교수,
하버드 인간 번영 프로그램 디렉터

의료 현장에서 의사들은 흔히 '진단은 쉽지만 치료는 어렵다'고 말한다. 그러나 레베카 맥러플린은 이 주장에 도전한다. 이 책에서 그녀는 다양한 과학적 증거들을 검토한 뒤 우리의 신체적 · 심리적 고통에 대한 치료 방안을 제시한다. 이것은 쉽게 접근할 수 있고 효과적이며 별다른 비용도 들지 않는다. 더구나 의사의 처방전조차 필요치 않다. 이제 우리 앞에 이 질문만이 남아 있다. '과연 그 데이터를 신뢰하고 그 약을 삼킬 것인가?'

리디아 S. 더데일

의학 박사, 컬럼비아대학교 메디컬센터 의학 석좌 교수

사람들이 점점 교회를 이탈하는 이 시대에 이 책은 교회 출석이 우리에게 큰 유익을 준다는 사실을 뒷받침하는 새로운 증거들을 제시하며 독자들을 놀라게 한다. 그러나 논의의 초점은 단순히 신체적 · 정신적 건강에만 국한되지 않는다. 맥러플린은 많은 사람이 품을 법한 여러 가지 의문을 다루면서, 예수님이 어떻게 우리가 우리 자신과 세상을 바르게 이해하도록 도와주시는지, 또 어떻게 궁극적인 치유의 손길을 베풀어 주시는지를 보여 준다.

존 R. 페티

의학 박사, 하버드대학교 의과대학 정신과 부교수

작지만 놀라움을 주는 책이다. 레베카 맥러플린은 과학적 연구와 개인적인 이야기를 절묘하게 엮어 서술하면서, 교회에 다니는 일이 정신적·신체적·도덕적·영적 측면에서 가져다주는 유익을 설득력 있게 보여 주고, 여기에 슬기로운 실제 적용 방법까지 제시한다.

앤드루 윌슨

런던 킹스교회 교육 목사

레베카 맥러플린은 내게 귀한 조언자 같은 존재다. 그녀의 글은 항상 정확하고 시의적절하며, 그녀의 직관은 진정한 복음의 방향을 분명히 가리킨다. 지난 수 세기에 걸쳐 그리스도인들은 예수님을 따르는 것이 생명과 행복으로 이어진다고 말해 왔는데, 이 유익한 책은 현대의 사회과학에서도 '정말 그렇다!'고 인정하기 시작했음을 보여 준다. 레베카의 글답게, 이 책에는 세심한 연구와 균형 잡힌 논리가 담겨 있다. 강연을 준비하든, 친구와 이야기하든, 또는 자녀를 가르치든, 당신은 틀림없이 이 책을 계속 찾아보게 될 것이다.

J. D. 그리어

써밋교회 담임목사, 《담장을 넘는 크리스천》 저자

풍부한 자료들에 근거해서 교회 출석이 가져다주는 유익을 명확히 제시하는 이 책은 우리가 하나님을 예배하는 존재로 지음받았음을 보여 준다. 책의 마지막 장에서 맥러플린은 교회에 다녀야 할 궁극적인 이유, 바로 그리스도를 소개한다. 기독교에 회의적인 이들이나 교회 출석이 뜸해진 이들에게, 심도 있는 연구를 읽기 쉽게 잘 담은 이 책은 큰 울림을 줄 것이다.

앨런 노블

오클라호마침례대학교 영문학 교수, 《나는 나의 것이 아니다》 저자 우리는 교회를 피함으로써 무엇을 잃게 되는지 충분히 숙고하지 않은 채, 교회의 구조와 사람들 모두를 성급하게 비판하곤 한다. 그러나 이 간결하면서도 사려 깊은 책에서 레베카 맥러플린은 지역 교회에 꾸준히 참여하는 일이 우리의 정신적·신체적·도덕적·영적 건강에 깊은 영향을 미친다는 점을 설득력 있게 보여 준다. 실증적 연구에 입각해, 그녀는 독자들에게 교회에 가지 않을 때 장기적으로 어떤 영향을 받는지 정직하게 살펴볼 것을 권하며, 매주 다른 신자들과 함께 예배하는 일에 깃든 '생명을 구하는 힘'과 '풍성함'을 다시금 일깨운다.

엘리자베스 우드슨

성경 교사, 팟캐스트 진행자

교회, 꼭 다녀야 하나요?

지은이 | 레베카 맥러플린
옮긴이 | 송동민
초판 발행 | 2025. 12. 22.
등록번호 | 제1988-000080호
등록된 곳 | 서울시 용산구 서빙고로65길 38
발행처 | 사단법인 두란노서원
영업부 | 02)2078-3333 FAX | 080-749-3705
출판부 | 02)2078-3330

책값은 뒤표지에 있습니다.
ISBN 978-89-531-5205-2 03230

독자의 의견을 기다립니다.
tpress@duranno.com www.duranno.com

두란노서원은 바울 사도가 3차 전도 여행 때 에베소에서 성령 받은 제자들을 따로 세워 하나님의 말씀으로 양육하던 장소입니다. 사도행전 19장 8-20절의 정신에 따라 첫째 목회자를 돕는 사역과 평신도를 훈련시키는 사역, 둘째 세계선교TIM와 문서선교단행본·잡지 사역, 셋째 예수문화 및 경배와 찬양 사역, 그리고 가정·상담 사역 등을 감당하고 있습니다. 1980년 12월 22일에 창립된 두란노서원은 주님 오실 때까지 이 사역들을 계속할 것입니다.

교회, 꼭 다녀야 하나요?

교회가 어떻게 우리의 생명을 구하는가

레베카 맥러플린 지음
송동민 옮김

**How Church
Could (Literally)
Save Your Life**

두란노

차 례

들어가며 . introduction .

정말 교회가 우리의 생명을 구하는가

이 책이 지면이 아니라 알약으로 가득 차 있다고 상상해 보라. 책을 펼치면 52개의 깔끔하게 정돈된 알약이 눈앞에 펼쳐진다. 당신이 젊고 건강하다면 아마 이렇게 생각할 것이다. '지금 나한테 이런 약들은 별 필요 없지.' 그러고는 내다 버리거나, 혹시 모르니 나중에 필요할 때를 대비해 어딘가에 보관해 둘지도 모르겠다.

하지만 나이가 좀 있다거나 만성적인 신체 질환 혹은 정신적 어려움을 겪고 있다면 이야기가 달라진다. 어쩌면 당신이 그토록 찾던 바로 그 '약'일지도 모른다.

이 책은 실제로 알약이 담긴 약상자는 아니지만, 처방전을 담고 있다. 이 책에 나온 지침을 적어도 매주 한 번씩 따를 경우, 당신의 기대 수명이 거의 7년이 늘어나는 동시에 행복한 삶을 누릴 가능성도 크게 높아질 것이다. 그리고 우울증에 시달릴 확률은 훨씬 낮아지게 된다.

약효가 너무 좋아 보여 오히려 믿기 어렵다고 생각한 당신은 부작용을 확인해 본다. 거기에는 '더 큰 삶의 의미를 찾음', '자원봉사에 참여할 가능성이 높아짐', '어려움에 처한 이들에게 후히 베풀게 됨'이라고 적혀 있다.

다시 의심이 밀려온다. '이건 분명 사기일 거야.' 당신은 이 정보의 출처가 어디인지 확인하려 살피다가 책의 뒤표지에서 이 '약'을 두루 시험하고 검증한 곳이 다름 아닌 하버드대학교 공중보건대학원이라는 사실을 발견한다.

자, 어떤가? 당신이라면 이 약을 복용하겠는가?

하버드대학교 공중보건대학원의 타일러 밴더윌 교수와 언론인 존 시니프는 2016년에 〈USA 투데이〉(*USA Today*)에 기고한 글에서 이런 질문을 제기했다.

> 만약 미국인 수백만 명의 신체적·정신적 건강을 개선할 수 있는 단 하나의 묘약이 있고, 그것을 아무런 개인적 비용 없이 이용할 수 있다면, 우리 사회는 그 약의 가치를 얼마나 높이 평가하겠는가?
> 나아가 연구 결과, 그 약을 매주 한 번만 복용해도 향후 15년간의 사망률이 20~30퍼센트 감소한다는 사실이 확증되었다면, 우리는 그 약을 얼마나 시급히 대중에게 보급하려 하겠는가?[1]

밴더윌 교수는 하버드대학교에서 운영하는 인간 번영 프로그램의 디렉터로서, 말 그대로 무엇이 우리 인간의 삶을 위해 유익한지를 살피는 분야의 세계적인 전문가라고 할 수 있다. 그러면 그가 찾아낸 이 묘약이란 과연 무엇일까?

밴더윌 교수가 건강을 증진하는 어떤 약물을 만들어 냈다고 생각할 수도 있다. 아니면 부작용 없는 다이어트 약을 발명했거나, 우리 안에 열심히 운동하려는 의욕을 샘솟게 하는 안전한 물질을 찾아낸 것일까? 아니면 요가나 명상, 혹은 새로운 또 하나의 슈퍼푸드가 그 해답일까?

하지만 그는 이렇게 주장한다. "좋은 소식은 이 기적의 약(종교, 더 구체적으로는 정기적인 교회 출석)이 이미 대부분의 미국인이 쉽게 접근할 수 있는 곳에 준비되어 있다는 것이다. 실제로 집에서 차로 조금만 나가면 충분히 닿을 수 있는 거리에 있다."

당신이 평소에 어떤 신념을 품고 살아가는 사람이든, 하버드대학교 교수가 당신의 건강한 삶을 위해 써 준 처방전이 이런 내용이리라고는 생각지도 못 했을 것이다. "교회에 다닐 것. 최대한 효과를 보려면 매주 한 번 이상 갈 것."

하지만 수많은 연구 결과가 매주 한 번 이상 종교 예식에 참석하는 이들이 그렇지 않은 이들보다 더 행복하고 건강한 삶을 누리며 오래 살고 있음을 보여 주고 있다. 만약 무언가 다른 습관의 실천이 이와 동일한 효과를 가져왔다면, 그 일은 즉시 대대적인 공중 보건 캠페인의 홍보 대상이 되었으리라. 나는 당신에게 이런 데이터들이 어떻게 다가갈지 자못 궁금하다.

오늘날 많은 이들이 교회를 시대에 뒤떨어졌거나 불필요한 곳, 심지어는 해로운 곳으로 여긴다. 어쩌면 당신은 스스로를 '영적이지만 종교적이지는 않은' 사람으로 여길지도 모르겠다. 교회에 가기보다는 산에 오르거나 밤하늘의 별을 바라보는 쪽이 더 끌릴 수 있다. 혹은 교회 안의 인종 차별, 학대, 위선, 혐오적 태도 때문에 거부감을 느끼고, 일요일에 다른 곳은 다 가더라도 교회만큼은 피하고 싶을 수도 있다.

또는 당신이 기독교가 아닌 다른 종교 전통 배경에서 자랐을 경우, 현재 그 종교의 예식에 꾸준히 참석하지는 않더라도 누군가가 당신을 교회로 초청하는 일 자체가 불쾌하게 느껴질 수도 있다. 어쩌면 자신을 무신론자나 불가지론자, 혹은 딱히 종교에 관심이 없는 사람이라고 여기며, 교회의 유익은 그저 사람들이 모인 곳이라면 어디서든 볼 수 있는 일반적인 격려와 지지에서 오는 것일 뿐이라 생각할지도 모른다.

만약 당신이 이중 하나에 해당되는 경우라면 시간을 내어 이 책을 읽고 있는 것만으로도 나는 큰 영광으로 생각한다. 당신은 아마 무언가를 결정하기 전에 그 일에 연관된 자료들을 신중하게 살피고 숙고하고 싶어 하는 사람일 것이다. 나는 이 책에 실린 자료들이 당신의 사고를 깊게 하는 데 좋은 밑거름이 되기를 바란다.

당신은 교회 이야기를 들을 때 회의적인 마음은 들지 않으나, 왠지 모를 아쉬움을 느낄 수도 있다. 어쩌면 교회에서 자라지 않았기 때문에, 다른 사람들에게 교회 생활이 얼마나 의미 있고 소중한지를 보면서 약간의 상실감을 느꼈을지도 모른다.

이전에 교회에 다녔지만 새로운 지역으로 이사 간 뒤 아직 다닐 교회를 찾지 못했거나, 코로나 팬데믹으로 교회가 봉쇄된 시기에 교회 출석을 중단한 후 다시 못 나가고 있을 수도 있다. 또는 지극히 개인적인 사정으로, 이를테면 이혼 수속을 밟거나 직장을 옮기는 과정에서 자연히 교회 출석이 한 주간의 스케줄에서 밀려났다든지,

어린 자녀를 일요일 아침 축구 시합장에 데려다주느라 그리되었을지도 모른다.

싱글로서, 출석하는 교회가 기혼자 중심으로 돌아가는 것처럼 보여 불편했을 수도 있고, 다른 교인들과의 정치적 견해 차이 때문에 교회를 떠났을 수도 있다. 또는 심한 우울증과 불안 증세 때문에 일요일에 교회 가려고 집을 나서는 일 자체가 버겁게 느껴졌을 수도 있다.

만약 당신이 이러한 사례 중 하나에 해당한다면 기억하라. 당신은 혼자가 아니다. 이 사례들은 21세기가 시작되고 처음 25년간 약 4,000만 명의 미국인(전체 인구의 약 12퍼센트)이 교회 출석을 중단한 이유 중 일부다.[2]

당신이 특별히 종교적인 사람이 아니라면, 이를 좋은 소식으로 여길 수도 있다. 지금 우리 사회 많은 사람이 종교의 영향력이 줄어들수록 편견과 어리석은 고집이 약화되고, 더 행복하고 심리적으로 건강하며 사회적 책임을 잘 감당하는 시민이 늘어난다고 생각한다.

하지만 실제 연구는 미국에서 일어난 이른바 '대규모 탈교회'(the great dechurching) 현상이 오히려 수많은 사람의 삶에 현저히 해로운 영향을 끼쳤음을 보여 준다.

교회 출석 인구가 감소하면서 사람들의 정신 건강이 나빠지고, 행복 지수는 줄었으며, 고독감은 커졌다. 약물 남용과 알코올 의존증이 늘어난 반면에 자원봉사나 경제적으로 어려운 이들을 위한 기부는 줄었다. 또한 기대 수명이 줄어들고 자살률은 증가한 것으로 나타났다.

심지어 종교에 대해 가장 회의적인 전문가들조차도, 미국과, 더 오랜 시간에 걸쳐 이런 현상이 지속되어 온 서구 세계 전반에서 교회 출석률 감소가 각 사회 전반에 걸쳐 파괴적인 부작용을 불러왔음을 시인하고 있다.

이 책의 1장과 2장에서는 매주 교회에 출석하는 일이 가져다주는 정신적 건강과 신체적 건강 측면에서의 유익에 관한 데이터를 살펴볼 것이다. 여기서 우리는 그 효과가 단순히 '사회적 접촉' 때문만은 아님을 알게 된다. 밴더윌은 이 부분을 다음과 같이 설명한다. "물론 격려와 사회적 지지는 중요하지만, 이 요인은 교회 출석이 가져오는 효과의 약 25퍼센트만을 설명할 뿐이다."[3]

해당 연구들의 종교 예식 참여자 대부분은 교회 출석자였으나, 대다수 연구는 서로 다른 종류의 종교 예식 간의 차이를 명확히 구분하지 않는다. 예를 들어, 매

주 1회 이상 유대교 회당에 참석하는 사람들도 기독교 교회 예배에 참석하는 사람들과 유사한 유익을 얻는 것으로 보고된다. 다만, 종교적인 성격이 핵심인 듯하다. 주말마다 아이들의 운동 경기 응원을 위해 함께 모이는 부모들에게서는 동일한 유익이 잘 나타나지 않았기 때문이다. 결국 우리는 함께 모여서 예배할 때 삶 속에서 번성하고 성장한다는 것을 알 수 있다.

3장에서는 매주 교회에 나가는 일이 가져오는 도덕적 효과들을 살펴볼 것이다. 당신이 어떤 종교적 입장이든, 나는 당신이 기부나 봉사 같은 이타적 행위의 사회적 유익을 인정하리라 생각한다. 또 사람들이 어려움에 처하고 도움이 필요한 이를 대하는 방식에 각자의 종교적 실천이 미치는 영향을 검토할 것이다.

나아가 조금 더 심도 있는 질문을 함께 생각해 볼 것이다. '오늘날 우리가 가난한 사람, 병든 사람, 약한 사람을 돌보는 것을 선하게 여기는 이유는 무엇일까?'

이 질문은 다소 이상하게 느껴질 수 있다. 하지만 우리가 이 사실을 자각하든 아니든, 모든 인간의 생명이 연령, 성별, 국적, 소득 수준, 능력과 관계없이 똑같이 소중

하다는 이 자명해 보이는 진리는 실제로 기독교에서 비롯된 것이다. 만약 기독교가 진실이 아니라면, 우리는 그저 '모든 인간이 평등하다'는 근본적인 믿음을 지탱할 더 나은 세속적 토대를 가진 채로 남는 것이 아니다. 오히려 우리가 그동안 믿고 의지해 온 윤리적 기반이 완전히 무너진 상태로 남게 된다.

마지막으로 4장에서는 우리 모두의 삶을 괴롭히는 한 가지 중대한 진실을 마주할 것이다. 이는 비록 지금 우리가 건강하다 할지라도 결국에는 모든 사람이 언젠가 죽음을 맞이한다는 잔인한 현실이다. 아무리 운동을 열심히 하고, 올바른 식단과 충분한 수면을 유지하며, 금연을 하고, 매년 건강 검진을 받아도, 심지어 교회에 다닌다 해도 죽음을 피해 갈 수는 없다.

이 마지막 장에서는 누구든지 예수님을 구주로 믿는 사람은 죽음을 거쳐 그분과 함께하는 영생(영원한 삶)으로 즉시 인도된다는 기독교의 놀라운 주장을 살펴보려 한다.

오늘날에는 순전히 믿기 어려운 주장이라고 생각할 수도 있다. 하지만 밴더윌 교수는 이런 통념에 도전하는 세계적인 학자 중 한 사람이다. 그는 기독교를 일고의 가치도 없는 종교로 치부하지 않고, 이렇게 권고한다. "교육을 받은 사람이라면 누구나 인생의 어느 시점에서는 기독교의 주장들을 비판적으로 검토하고, 자신이 왜 그 메시지를 믿거나 믿지 않는지를 설명할 수 있어야 한다."

이전에 교회에 꾸준히 다녀 본 적이 없는가? 이 책을 읽으면서 한번 다녀 보고 싶은 의욕이 솟아나기를 바란다.

과거에 교회에 꾸준히 다닌 적이 있는가? 아마 이 책을 읽다가 교회로 돌아오려는 마음이 생길 수도 있을 것이다.

혹시 교회 자체를, 또 교회와 관련해 일어나는 모든 일을 깊이 혐오하는가? 그럼에도 불구하고 이 책을 여기까지 읽어 준 것에 진심으로 고마움을 전한다. 특히 당신과 비슷한 마음을 가진 이들을 위해 나는《기독교가 직면한 12가지 질문(*Confronting Christianity*)이라는 책을 썼다. 그 책에서 당신이 기독교 신앙을 받아들이지 않을 만한 열두 가지 주요 이유를 다루었다. 만약 이 책이 당신의 생각에 조금이라도 자극을 주었다면 그 책도 읽어 보기를 바란다.

아직 무엇을 믿어야 할지 잘 모르지만 삶에 더 큰 소망과 사랑, 의미가 필요하다고 느끼는가? 나는 이 책이 당신을 지역 교회로 인도하는 초대장이 되기를 기도한다. 그리하여 당신이 그곳에서 예수님이 누구이신지를 더 구체적으로 배우고 꾸준히 교회에 다니게 되기를 바란다.

밴더윌이 주장한 것처럼, 교회가 정말 기적의 묘약이라면, 지금 그 약을 복용하지 않을 이유가 무엇이겠는가?

정신적으로 건강한 삶

1

상한 마음을 수렁에서 건지는 명약이 있다면?

어제 나는 한 젊은 친구와 함께 점심을 먹으며, 그녀가 우리 교회에 함께한 지 1년이 된 것을 축하했다. 그 친구는 어려서부터 교회에 다녀 본 적이 없었고 다른 많은 Z세대와 마찬가지로 마음속 공허함을 채우기 위해 다양한 영적 방편들을 추구했다. 점성술에 관심을 갖고, 타로 카드를 사고, 크리스털 힐링을 시도하고, 명상에도 몰두하는 등 온갖 방법을 동원해 보았으나, 그 어느 것 하나 그녀의 마음에 참된 만족을 안겨 주지 못했다.

매일의 삶을 견디기 위해 그녀는 술에 지나치게 의

존했고, 마리화나나 전자 담배를 피우기도 했다. 하지만 이 모든 것들은 그저 일시적 해결책일 뿐이었다. 그녀는 여러 남성들과 교제하다가 급기야 여성들과도 사귀었다. 이 직업 저 직업을 전전했고, 다양한 나라에서 살아보기도 했다. 하지만 이 모든 실험에도 그녀의 공허감은 날로 깊어만 갔다.

자신의 정신 건강 상태가 심각함을 깨달은 그녀는 심리 치료사를 찾아갔고, 처방받은 항우울제를 복용하기 시작했다. 하지만 삶이 무의미하다는 생각은 그녀를 끈질기게 괴롭혔으며, 시간이 갈수록 그녀는 생기를 잃었다. 그러던 어느 날, 예수님께로 방향을 돌이켜 교회의 주일 예배와 주중 성경 공부에 참석하면서, 비로소 그녀는 그토록 찾아 헤매던 삶의 의미를 발견하기 시작했다.

이 젊은 친구가 들려준 이야기의 세부적인 사연은 독특하지만, 그 전반적인 틀은 오히려 몹시 흔하다. 오늘날 서구권의 많은 사람이 뉴에이지 운동이나 다양한 성관계, 약물 과다 복용 등을 통해 자신들의 영적 공허함을 채워 보려 애쓴다. 그리고 역사상 그 어느 시기보다 많은 사람이 심리 치료나 항우울제에 의존한다. 하지만 서구권

전반의 정신 건강 상태는 갈수록 급격히 나빠지는 중이다. 우리는 어떤 제약에도 매이지 않은 채 스스로 정체성을 규정하며 여러 삶의 방식을 '자유롭게' 실험해 보려 했지만, 결과는 행복이 아니라 더 깊은 비참함이었다.

그런데 실제로 정신 건강을 위해 우리가 할 수 있는 가장 좋은 일 중 하나는, 이 젊은 친구가 그랬던 것처럼 꾸준히 교회에 나가며 교회 공동체에 자리 잡는 것이다.

진단

지금 당신이 이 글을 주의 깊게 읽고 있다면, 아마 깊은 우울증과 씨름해 왔거나, 아니면 사랑하는 누군가가 그런 상황에 처해 있을 가능성이 높다.

21세기 들어 서구 사회에서 우울증과 불안 장애, 자살성 사고(suicidal ideation; 자살을 추구하거나 지향하는 사고 작용-옮긴이)가 급격히 증가했다. 2015년부터 2023년까지 미국에서는 생애 시기 중 특정 시점에서 우울증 진단을 받은 성인의 비율이 10퍼센트포인트 가까이 증가해 29퍼센트에 이르렀다. 그리고 같은 기간 동안, 우울증 치료를 받았거나 현재 받고 있는 사람의 비율도 7퍼센트포인트나 증가해서 17.8퍼센트에 달했다.[1]

우리는 과거 정신 건강 문제와 관련해 존재했던 많은 사회적 수치와 편견을 제거했다. 하지만 그렇다고 해서 문제 자체가 줄어든 것은 아니다. 오히려 정신 건강 문제는 유출된 기름처럼 퍼져 나가 점점 더 많은 사람들을 가두고 있다.

앞서 말한 우리 교회 그 젊은 친구가 경험했듯이, 이 정신 건강의 재난은 여성들에게 가장 큰 타격을 입혔다. 우리는 인류 역사상 가장 여성 친화적인 문화에서 살아가고 있다고 여기지만, 실제로 여성들의 불행은 점점 커지고 있다. 현재 여성들의 37퍼센트가 인생의 어느 시점에서 우울증 진단을 받은 적이 있다고 보고되는 반면, 남성의 경우는 20퍼센트에 불과하다.[2]

정신 건강의 위기는 젊은 연령층에 속한 이들에게 특히 심각하다. 2023년 기준, 한 조사에서 12~17세 여자 청소년의 27.3퍼센트와 남자 청소년의 9.4퍼센트가 지난해에 '주요 우울 삽화'(major depressive episode; 5가지 우울

관련 증상이 2주 이상 지속되어 일상 생활에 지장을 주는 상태-편집자)를 경험한 것으로 보고되었는데, 이는 2004년보다 두 배 이상 증가한 수치다.[3]

이와 마찬가지로, 2009년에서 2021년 사이에 자신이 "지속적인 슬픔이나 절망감을 느꼈다고 답한" 미국 고등학생의 비율은 26퍼센트에서 44퍼센트로 늘어났다.[4] 더욱 안타깝게도, 2007년에서 2021년 사이에 10~24세 연령층의 자살률은 무려 62퍼센트나 증가했다.[5]

이처럼 사회 전반에서 우울과 절망이 심화되는 원인은 무엇일까?

아마 우리는 코로나19에 그 책임을 돌릴 수도 있을 것이다. 전염병이 초래한 사회적 고립의 영향은 분명 심각했다. 하지만 2022년에 발간된 한 보고서에 따르면, 미국에서 우울증은 우리가 '코로나19'라는 이름을 들어 보기 이전부터 이미 "점차 악화되는 공중 보건상의 심각한 문제"였다.[6]

정신 건강 위기의 또 다른 요인은 스마트폰과 소셜 미디어 사용의 확산이다. 이 현상은 다양한 수준의 심리적 고립과 부정적인 비교, 그리고 각종 정신 건강 문제의 사회적 전염을 불러왔으며, 여기서도 여성과 젊은 층이 가장 큰 영향을 받았다. 2023년에는 스마트폰과 소셜 미디어 사용이 어린이와 청소년에게 미치는 위험이 너무도 뚜렷해진 나머지 미국 공중위생국장이 공식적으로 경고를 발표할 정도였다.[7] 하지만 그 일의 모든 책임을 스마트폰에만 돌릴 수 있는 것은 아니다.

정신 건강을 약화시키는 또 다른 요인은 혼인율의 감소다. 종교가 없는 많은 사람은 혼외 성관계를 사회적으로 수용하면 정신 건강과 행복감이 더 향상된다고 생각한다. 하지만 실제 사람들의 삶을 연구한 데이터들은 그와 다른 이야기를 들려준다. 특히 여성의 경우, 성관계 파트너 수가 늘어날수록 우울, 슬픔, 자살성 사고의 경향과 약물 남용의 위험이 증가하는 것으로 나타난다. 그러나 결혼 생활을 하는 여성에게서는 이와 상반된 효과가 관찰된다.[8]

장기간에 걸친 대규모 조사 데이터를 분석한 시카고 대학교의 샘 펠츠먼 교수는 "결혼 여부는 행복과 불행을 가르는 가장 중요한 요인으로, 기혼자가 싱글보다 행복감을 느낀다고 답한 비율이 약 30퍼센트포인트 더 높다"[9]고 밝혔다.

이와 마찬가지로, 미국 가족 연구소가 진행한 연구에서도 "교육 수준과 상관없이, 기혼자가 싱글보다 자신의 정신 건강 상태를 '훌륭함'이나 '아주 좋음'으로 평가할 확률이 약 16퍼센트 더 높았다"[10]고 보고되었다. 결혼생활은 우리의 자유를 억압하는 족쇄가 아니라 삶을 지키고 보호하는 안전 벨트와 같은 역할을 하는 것으로 나타난다.

그런데 이렇듯 스마트폰 사용의 급증이나 혼인율 감소와 더불어, 지금 우리가 겪는 정신 건강 위기의 중요한 요인 중 하나가 바로 교회 출석률 감소임이 점점 더 분명하게 드러나고 있다.

처방

디즈니 애니메이션 〈엔칸토〉(Encanto)를 보지 않았더라도, 아마 그 삽입곡인 〈입에 담지 마, 브루노〉(We Don't Talk About Bruno)는 어디선가 들어 봤을 것이다. 이 노래에는 마드리갈 집안의 가족들이 몇 해 전 사라진 삼촌 브루노에 관한 이야기를 미라벨에게 들려주는 내용이 담겨 있다. 그 가족들은 브루노가 예언한 여러 안 좋은 일들을 그가 실제로 일으켰다고 오해하고 있었다.

한참 '정신 건강을 위한 열 가지 비결'과 같은 제목을 단 기사들을 연달아 클릭하고 있는데, 문득 그 노래가 떠올랐다. 나는 이 기사들 중에서 교회 다니는 것을 추천하는 내용이 있는지를 찾아보았지만, 단 하나도 없었다 (당신도 한번 찾아보라).

심리학자들은 적절한 운동, 충분한 수면, 건강한 식단이 정신 건강과 행복을 얼마나 향상시킬 수 있는지 적극적으로 알리고 요가, 마음 챙김, 명상을 권한다. 하지만 모두가 잊으려고 애쓰는 그 '껄끄러운 삼촌'처럼, 그들은 '조직화된 종교'에 대해서는 이야기하지 않는다.

브루노가 자기 집안에서 그랬듯이, 교회 역시 우리 사회에서 종종 부정적인 이미지로 기억되곤 한다. 우리는 모두 교회를 떠남으로써 비로소 진정한 자아를 찾게 되었다는 사람들의 이야기를 들어 본 적이 있다. 어쩌면 당신이 그런 경험을 했을지도 모르겠다. 또 자기애와 무제

한의 자유, 마음이 시키는 대로 행동하는 것의 유익을 강조하는 현대 문화 속에서, 우리의 여러 깊은 욕망이 죄악시되는 것 같은 기독교의 가르침은 자칫 우리의 정신 건강과 행복에 해롭다고 여겨질 수 있다.

앞서 언급했던 우리 교회 그 젊은 친구는 예수님께로 돌이키기 전까지 이런 글귀가 새겨진 머그잔을 소중히 간직했다. '완벽한 사람은 없지. 나도 아니야'(Nobody's perfect. I'm nobody). 그러다가 마침내 기독교가 진리임을 확신하게 되었을 때, 그녀에게 참된 안도감을 가져다준 한 가지 요인은 성경을 통해 얻은 자신에 대한 새로운 이해였다.

이전에는 자신이 기본적으로 선하다고 믿으려 애썼다. 그런데 그녀가 새롭게 받아들인 이 기독교의 메시지는 그녀로 하여금 자신이 실제로 여러 면에서 상당히 나쁜 사람임을 깨닫게 도와주었다. 동시에, 이 신앙은 온 우주의 창조주인 하나님이 그런 그녀를 사랑하신다는 깊은 확신을 주었다. 하나님이 그녀를 위해 그분의 아들을 이 땅에 보내어 대신 죽음을 치르게 하셨다.

지금 우리 문화권에 속한 많은 이들은 자기애를 우

선시하고 기독교의 일부 불편한 가르침을 멀리할 때 더 행복해질 것이라고 여긴다. 하지만 실상은 이와 정반대다. 매주 교회에 출석하는 일은 우울증과 슬픔, 자살성 사고에서 우리를 지켜 주는 최고의 방어책 중 하나이기 때문이다. 2022년에 발표된 한 연구 분석 자료에서는 "적어도 매주 한 번 이상 종교 예식에 참석하는 사람들은 참석하지 않은 사람들보다 추후 우울증 발병 확률이 약 33퍼센트 정도 낮았다"[11]고 이를 뒷받침한다. 다시 말해, 당신이 이제라도 매주 교회에 다니기 시작한다면 앞으로 우울증에 걸릴 확률이 3분의 1 정도 줄어드는 것이다.

이렇게 효과적인 약물이 실제로 존재한다면, 아마 널리 처방되었을 것이다. 하지만 대부분의 심리 치료사나 의사들은 요가나 명상, 자연 속에서 더 많은 시간을 보내는 일 등을 권장하면서도 교회 다니는 것은 거의 추천하지 않는다.

이는 '조직화된 종교'의 유익을 강조하는 일이 전통 신념들을 폐기하는 것이 좋다고 외치는 현대 서구 문화의 내러티브와 들어맞지 않아서다. 그래서 종교 예식에 참여하는 일이 우리의 정신 건강에 얼마나 도움이 되는

지를 보여 주는 연구가 다수 있음에도 불구하고, 우리는 이 '껄끄러운 삼촌 브루노'에 대해서는 말을 아낀다.

혹시 이런 교회 출석이 가져오는 정신 건강상의 보호 효과가 단지 '우울증에 시달리는 사람들이 애초에 교회에 갈 힘이 부족하기 때문에 나타나는' 일종의 착시 현상은 아닐까?(교회에 다니는 사람들은 이미 마음이 더 건강한 상태에 있는 경우가 많기에 이런 비율의 차이가 나타나게 된다는 의미-옮긴이) 좋은 질문이지만, 답은 '아니오'다. 여러 연구에서 조사 참여자들의 기본적인 우울 증상 수준을 어느 정도 균일하게 조정한 뒤에도 교회 참석 여부가 유의미한 차이를 만들어 낸다는 점을 확인했기 때문이다.

만약 당신이 지금 우울증을 겪고 있다면, 일요일 아침에 잠자리에서 일어나 교회로 향한다는 생각 자체만으로도 버거울 수 있다. 특히 아직 소속된 공동체가 없는 경우, 잘 모르는 사람들과 함께 낯선 노래를 부르고 기도해야 한다는 사실은 마치 높고 험준한 암벽을 오르는 일처럼 다가올 것이다. 실제로 내 주위에 우울증에 시달리는 친구들도 교회 가는 일이 쉽지 않다는 고민을 토로한 적이 있다.

하지만 여러 조사 결과들은 꾸준한 교회 출석이 생명 줄과 같음을 보여 준다. 설령 그 생명 줄을 붙잡고 매달리는 데 많은 노력이 요구되더라도, 우리 삶의 유지와 회복을 위해 그 수고를 포기해서는 안 되는 것이다. 매주 교회에 가는 이들의 경우에는 우울증 발생률이 3분의 1 정도 줄어들 뿐 아니라, 이미 우울증에 걸렸을 때도 교회에 가지 않는 이들보다 회복할 가능성이 현저히 높기 때문이다.[12]

교회는 당신의 우울증을 더욱 심화시키고 마음의 부담을 주는 공간이 아니라, 당신이 그 지긋지긋한 문제에서 해방되는 데 꼭 필요한 방편일 수 있다. 다만, 대부분의 약이 그렇듯, 긍정적인 효과를 보려면 꾸준히 참여해야 한다.

어쩌면 당신은 이 글을 읽으면서 이렇게 생각할지도 모른다. '내가 교회에서 얼마나 상처를 받았는지 잘 몰라서 하는 이야기지.' 어쩌면 교회에서 사람들의 위선과 비판적인 태도를 경험했거나, 심지어 끔찍한 학대를 겪었을 수도 있다. 실제로 나는 교회에서 깊은 상처를 입고 그 이후로 계속 심한 마음의 고통과 환멸에 시달리는 사람들을 알고 있다. 우리의 가정이 가장 크고 깊은 사랑의 공간이 될 수도, 가장 끔찍한 고통의 자리가 될 수도 있듯이, 교회 역시 안전한 피난처가 될 수도, 우리 삶에 큰 해를 끼치는 장소가 될 수도 있다.

하지만 우리가 건강하지 않은 가정에서 자랐다고 해서 가정 자체를 포기하지 않는 것처럼 해로운 교회 생활을 경험했다고 해서 교회 자체를 거부할 필요는 없다. 오히려 당신이 그 상처에서 치유받기 위해 필요한 것은 건강하고 진실한 사랑이 있는 교회에 속하는 일일지도 모른다. 때로는 그것이 문자 그대로 '우리의 생명을 구하는 일'이 될 수 있기 때문이다.

자살이라는 파괴적인 주제를 이야기할 때, 꾸준히 종교 예식에 참여하는 사람과 전혀 참석하지 않은 사람 사이의 차이는 극명하다. 밴더윌 교수는 '전혀 종교 예식에 참석하지 않는 여성이 매주 한 번 이상 참석하는 여성보다 자살로 생을 마감할 가능성이 다섯 배 높다'는 연구 결과를 밝혔다.[13]

이 연구 결과를 처음 접했을 때 너무 놀란 나는 그에게 메일을 보내 그 연구 결과가 정말로 일반적인 경향을 대표하는 것인지 물었다. 그러자 그는 그것이 결코 예외적인 결과가 아니라고 답했다. 실제로 그는 "1999년부터 2014년 사이에 증가한 자살률의 약 40퍼센트가 종교 예식 참석률 감소로 설명될 수 있다"[14]고 추정한다.

물론 우리가 교회에 다닌다고 해서 자살 충동에 아예 면역이 되는 것은 아니다. 이는 교회에 다닌다고 해서 일반적인 우울증에 면역이 되는 것은 아닌 것과 마찬가지다. 내가 속한 교회의 한 지체는 예배와 봉사에 성실히 참여하면서도 만성적인 자살 충동에 시달리고 있으며, 지금도 여러 의학적 도움과 영적 도움을 꾸준히 받으면서 살아가고 있다.

하지만 정직한 자살 예방 캠페인이라면, 거기에는 종교 예식에 한번 참석해 보라는 권고 역시 마땅히 포함되어야 한다. 이는 그것이 지금껏 발견된 가장 효과적인 자살 예방책 중 하나이기 때문이다.

그렇다면 교회는 마치 항우울제처럼 정신 건강 문제와 씨름하는 사람에게만 유익하고, 그렇지 않은 사람에게는 거의 필요 없는 것일까? 그렇지 않다. 함께 모여서 예배하는 일은 우리를 정서적 곤경에서 건져 줄 뿐 아니라 전반적인 삶의 행복감도 높여 주기 때문이다.

2019년의 한 보고서에 따르면, 미국에서 교회에 정기적으로 다니는 성인 중 36퍼센트가 "매우 행복하다"고 응답한 반면, 자신을 종교인이라고 밝히면서도 교회에 가지 않거나 특정 종교를 갖지 않은 성인에서는 그 비율이 25퍼센트에 그쳤다.

이 현상은 미국에만 국한되지 않는다. 예를 들어 호주에서는 교회 출석하는 성인 중 45퍼센트가 매우 행복하다고 답한 반면, 종교와 무관한 성인의 경우에는 약 33퍼센트 정도였다.[15] 매주 교회에 출석하는 이들은 교회에 잘 가지 않는 이들보다 대체로 더 큰 삶의 만족과 행복감을 누리며, 더 뚜렷한 목적의식을 가지는 경향이 있다. 그들은 미래에 대해서도 대체로 더 낙관적이며, 더 높은 수준의 자기 통제력을 보여 주곤 한다.[16]

물론 이런 데이터 역시 현대 서구 사회의 통념과는 잘 맞지 않는다. 그간 우리는 죄와 자기 부인을 강조하는 '조직화된 종교'가 인간의 행복을 가로막는다고 배웠으며, 참된 만족에 이르는 자신만의 경로를 찾는 개인 여행자들처럼 각자의 꿈과 행복을 추구하도록 격려를 받아

왔다. 하지만 혼자 노를 젓는 작은 보트에 타고서는 드넓은 바다를 항해하기 어렵듯이, 우리 개개인의 힘으로 행복을 찾아 나서면 삶 전체가 좌초될 가능성이 훨씬 높다.

그보다는 더 크고 드넓은 목적과 사명, 곧 단순한 자아실현을 넘어서는 '하나님 사랑과 이웃 사랑'을 추구하는 많은 이들의 모임에 동참할 때 우리의 정신 건강과 행복이 온전히 나아지는 것이다.

앞서 소개한 그 젊은 친구가 우리 교회에 등록한 지 몇 달이 지났을 무렵, 그녀는 교회에서 매년 열리는 성탄절 행사에 자원봉사자로 참여했다. 당시 그 행사의 일환으로 교회 건물 안에 동물과 만날 수 있는 작은 체험장을 설치해 운영했다. 모든 행사가 끝난 후 그녀와 나는 청소팀에 배정되었고, 그녀에게 주어진 임무는 바닥에 묻은 염소 소변을 닦는 일이었다.

나는 농담을 건넸다. "이게 바로 그리스도인의 삶이랍니다!" 그러자 그녀는 이렇게 대답했다. "지금이 제 인생에서 가장 멋진 시간이에요!" 이처럼 친밀한 사람들과 손을 맞잡고 다른 이들을 섬기는 것은 기독교 윤리의 필수 요소이며, 이는 인간의 번영과도 깊이 연결되어 있다.

만약 당신이 나처럼 자녀들을 키우고 있다면, 그 아이들이 행복하고 건강하며 배려심 있는 어른으로 자라기를 바랄 것이다. 그리고 당신이 어릴 때 경험한 종교적 양육이 무척 싫었거나 아예 종교 없이 자랐다면, 당신의 자녀를 교회에 보내지 않는 것이 그 아이를 더 행복한 어른으로 자라게 할 것이라 생각할 수도 있다.

하지만 실제 연구 데이터들은 그런 생각과 상반되는 결과를 보여 준다. 오히려 우리 아이들을 매주 교회에 데려가는 것은 정신 건강과 행복도 측면에서 그 아이들의 현재와 미래를 위해 해 줄 수 있는 최선의 일 중 하나라는 것이다. 밴더윌 교수는 "1991년부터 2019년까지 관찰된 청소년 우울증 증가분의 약 28퍼센트가 해당 연령층의 종교 예배 참석률 감소로 설명될 수 있다"[17]고 밝혔다.

두 명의 청소년 딸을 둔 어머니로서, 나는 이 연령대 아이들 안에서 현재 벌어지는 정신 건강의 위기를 볼 때마다 마음이 아프다. 많은 부모가 자녀가 우울증이나 불안에 빠져드는 것을 보면서 깊은 무력감을 느낀다. 이 두려운 재난은 심지어 교회 생활에 가장 헌신적으로 참여하는 가정에서도 일어날 수 있다.

하지만 실제 연구 데이터들은 다시 한번 우리 자녀들의 정신 건강을 보호하는 최선의 방편 중 하나가 그들을 매주 한 번 이상 교회로 데려가는 것임을 보여 준다. 그 증거가 너무도 명확하기에, 2019년에 심리 치료사인 에리카 코미사르는 〈월 스트리트 저널〉(*Wall Street Journal*)에 다음 제목으로 글을 기고했다. "하나님을 믿지 않는가? 자녀들 앞에서는 믿는 척이라도 하라."

이 글의 서두에서 코미사르는 이렇게 말한다. "심리 치료사로서, 나는 어린이와 청소년 사이에서 우울증과 불안이 이토록 흔한 이유를 설명해 달라는 부탁을 받곤 한다. 내가 보기에, 이 현상에 대한 가장 중요한 설명 중 하나인데도 자주 경시되는 것은 바로 오늘날 사람들 사이에서 종교적인 관심이 계속 줄어들고 있다는 사실이다."[18]

몇 달 전, 나는 비행기에서 한 영국인 여성의 옆자리에 앉게 되었다. 그녀는 최근에 있었던 아들과의 의미심장한 일화를 들려주었다. 어느 날, 자신의 여섯 살 난 아들이 울고 있길래 무슨 문제가 있는지 물었더니, 아이가 이렇게 되물었다는 것이다. "엄마, 우리 어차피 언젠가 다 죽잖아. 그럼 사는 게 무슨 의미야?" 그녀는 자신에게도 답이 없음을 알았기에 이 질문 앞에서 적잖이 동요했다고 한다.

오늘날 서구권의 많은 부모들은 자녀들에게 하나님을 믿으라고 말하는 대신 자기 자신을 믿으라고 가르치는 데 열중한다. 하지만 아이들은 마음 깊은 곳에서 자신이 우주의 중심이 될 수 없음을 알고 있다. 시간이 흐르면서 그들은 자신이 별 같은 존재가 아니며, 점점 깊고 어두운 블랙홀 속으로 빨려 들어간다고 느낀다.

교회를 통한 자녀 교육의 긍정적 효과는 그 아이들이 자라서 집을 떠난 이후에도 지속될 수 있다. 2018년, 밴더윌과 잉 첸 박사는 8년간 5,000명의 청소년이 살아온 과정을 추적한 연구 결과를 발표했다. 이 연구는 종교적 자녀 교육이 이후 그 아이들의 삶에서 여러 긍정적인 결과들을 가져온다는 점을 잘 드러내 주었다.

예를 들어, 성장기에 매주 한 번 이상 예배에 참석한 이들은 그렇지 않은 이들에 비해 성인 초기(23~30세) 행복도가 18퍼센트가량 더 높은 반면, 심한 우울 증상을 겪을 확률은 12퍼센트, 불법 약물을 복용할 확률은 33퍼센트가량 더 낮았다. 또한 교회를 다니며 자라난 아이들은 그렇지 않은 아이들보다 삶의 만족도와 목적의식이 높았고, 타인의 잘못을 용서하거나 자원봉사에 참여할 확률도 더 컸다.[19]

2012년의 한 연구를 보면, 종교 예식에 꾸준히 참석한 아이들은 고등학교 졸업률과 대학교 진학률이 각각 40퍼센트와 70퍼센트 정도 더 높았다.[20] 첸은 이렇게 결론지었다. "지금 많은 아이들이 종교적 양육을 받고 있는데, 우리 연구는 그러한 양육이 그 아이들의 건강한 생활 습관과 정신 건강, 전반적인 행복과 웰빙 모두에 강력한 영향을 미칠 수 있음을 보여 준다."[21]

+ 복용 지침 +

앞서 살펴봤듯이, 이런 연구 결과들이 매주 교회에 나가는 사람은 심각하고 지속적인 정신 건강 문제들에 아예 시달리지 않음을 뜻하는 것은 아니다. 내 친구 앨런 노블은 자신처럼 깊은 정신적 고통을 겪는 그리스도인들을 돕고 싶은 마음에 *On Getting Out of Bed: The*

Burden and Gift of Living(침대 밖으로 나오기: 삶이라는 짐과 선물)이라는 책을 쓰기도 했다.

때로 그리스도인들은 신자라면 우울증이나 불안에 시달려서는 안 된다는 무리한 판단 기준을 설정하곤 한다. 그리고 혹시 그런 어려움을 겪게 되더라도, 오직 성경과 기도, 교회의 도움에만 의지해 그 문제를 극복해야 한다고 생각한다. 하지만 지난 2,000년 동안 가장 영향력 있게 활동했던 그리스도인 가운데 몇몇은 심각한 정신 건강 문제를 경험했다.

예를 들어, 19세기 영국의 설교자 찰스 스펄전은 예수 그리스도의 복음을 놀랍도록 강력하게 전파한 인물이었지만 종종 깊은 우울증에 시달렸다. 당시 자신이 겪은 고통을 회고하며 그는 이렇게 이야기했다. "만약 나와 같은 고통을 어떤 개가 똑같이 겪어야 한다면, 나는 그 개를 딱하고 안쓰럽게 여길 것이다."[22]

우울증을 겪는 그리스도인들은 의학적 도움과 영적 도움을 마땅히 찾아야 한다. 스펄전은 이렇게 조언했다. "당신이 육체를 지닌 존재임을 되새기는 일을 영적이지 않은 것으로 여기지 말라. 우리에게는 목회자만큼이나 의사의 도움도 종종 필요하다."

이같이 다양한 지원 방안을 모색하는 일은 무척 중요하며, 이는 학대의 경험을 비롯한 각종 파괴적인 트라우마에 시달리는 이들에게 특히 그러하다. 다만, 이때에도 심리 치료와 약물 복용이 우리에게 꼭 필요한 참된 공동체와 삶의 목적 그 자체를 제공해 주는 것은 아님을 염두에 두어야 한다.

기독교적인 삶은 자아 성취나 자신만의 신념, 자기애에서 눈을 돌려, 우리를 위해 자신의 생명을 버리신 분께, 그리고 우리 서로를 위해 생명을 내려놓으라고 부르시는 분께 시선을 향하게 한다(요일 3:16). 이는 우리가 다른 이들의 유익을 먼저 생각해야 함을 의미하며, 때로 그 삶의 방식은 바닥에 묻은 염소 소변을 닦는 일까지 포함한다.

우리 교회 그 젊은 친구가 경험했듯이, 교회 생활이 우리의 정신 건강에 유익하다는 증거는 의심의 여지가 없다. 다만, 대부분의 처방전과 마찬가지로 교회 생활에도 복용 지침이 있다. 매주 한 번 이상 참석해야 한다.

2

건강하게 기대 수명을 늘리는 명약이 있다면?

"사람들은 저마다 마법의 약을 찾아 헤매지만 …… 그 약은 이미 우리 곁에 있다." 미국 국립 노화 연구소의 과학 분야 책임자인 의학 박사 루이지 페루치가 한 말이다. 2024년에 저널리스트 데이나 스미스가 〈뉴욕 타임스〉(*New York Times*)에 기고한 "장수의 일곱 가지 비결"이라는 글에 소개되었다.

현대인들은 건강과 장수의 복을 점점 더 절박하게 추구한다. 무덤 너머의 삶에 대한 소망이 희미해질수록, 이 땅에서의 수명을 연장시키며 건강을 증진시켜 준다는 온갖 약속들에 더 간절히 매달리게 된다.

그러나 스미스는 우리에게 건강의 기본 수칙으로 되돌아갈 것을 권면한다. "고압 산소 요법이나 적외선 치료 이야기를 하는 사람들 말은 무시해도 된다. 사실적 증거에 기초한 '잘 늙는 비결'은 다음과 같다."

1. 더 많이 움직이라.
2. 더 많은 과일과 채소를 섭취하라.
3. 충분한 수면을 취하라.
4. 흡연을 피하고, 과도한 음주를 삼가라.
5. 만성 질환을 잘 관리하라.
6. 사람들과의 관계를 소중히 여기라.
7. 긍정적인 마음가짐을 기르라.[1]

분명 이는 다 몸을 건강하게 하는 습관들이다. 하지만 우리가 온라인에서 흔히 접하는 다른 대부분의 목록과 마찬가지로, 이 기사 역시 건강하게 장수하기 위해 우리가 실천할 수 있는 가장 확실한 습관 하나를 빠뜨렸다. 바로 교회에 다니는 것이다.

1900년 당시 미국에서 태어난 사람들의 평균 기대 수명은 약 47세였다(다만 생후 5년을 잘 넘길 경우에는 그보다 훨씬 더 오래 살 가능성이 있었다).[2] 2000년에 이르러 기대 수명은 76.6세로 늘어났고, 치료법의 혁신도 끊임없이 이어지고 있다. 나의 할아버지는 1985년에 50대의 나이로 전립선암에 걸려 돌아가셨는데, 만약 그 암이 20년만 늦게 발병했다면 더 나은 치료를 받아 생존하셨을 가능성이 높다.

2000년부터 2010년 사이에 미국인의 기대 수명은 2년이 더 늘어 78.7세가 되었다. 하지만 그다음 10년 동안에는 그 진전 속도가 둔화되는 모습을 보였다. 2019년에는 78.8세였는데, 9년간 여러 의학적 진보가 있었음을 감안하면 아주 미미한 증가였다.[3] 그리고 2021년에는 팬데믹으로 인해 기대 수명이 76세로 떨어졌고, 2022년에 77.5세로 조금 회복되긴 했지만, 매년 갱신되는 의료 기술의 발전을 고려하면 여전히 상승 추세가 미약하다고 할 수 있다.

나의 고국인 영국에서도 기대 수명은 정체 상태다.

이런 현상의 원인들로는 여러 가지가 있겠지만 그중 많은 요소가 교회 출석률의 감소와 밀접한 연관이 있다.

2023년, 미국 공중위생국장 비벡 머티는 "고독"을 "저평가된 공중 보건상의 위기"라고 규정했다.[4] 영국에서도 같은 경고음이 울리고 있다. 다음은 2024년의 한 신문 기사 헤드라인이다. "영국은 지금 고독의 전염병이 확산 중이며, 그 중심에는 젊은 세대가 있다."[5]

고독이 정신 건강에 미치는 영향은 말할 것도 없으며, 이와 동시에 신체 건강에 끼치는 피해 역시 상당하다. 계속해서 머티의 이야기를 들어 보자.

> 사회적 교류와 소통이 빈약하거나 불충분할 때 생겨나는 신체적 결과로는 심장병 발병 위험 29퍼센트 증가, 뇌졸중 위험 32퍼센트 증가, 노인층의 치매 발병 위험 50퍼센트 증가 등이 있다. 또한 사회적 교류의 결핍은 조기 사망의 위험 역시 60퍼센트 이상 높인다.[6]

머티는 우리 사회 전반의 교회 출석률이 감소함에

따라 사람들의 고독감이 증가해 왔다는 증거가 있음을 인정한다.[7] 하지만 사망 진단서에 '교회에 다니지 않음'이 주요 원인으로 기록되지는 않는다. 그러면 실제로 그 서류에 기록되는 주요 사망 원인은 무엇일까?

지금 서구 사회에서 가장 주요한 사망 원인 두 가지는 바로 심장 질환과 암이다. 그리고 그 두 질환을 야기하는 주범은 유전적 요인과 더불어 흡연, 음주, 비만이다. 미국에서는 다른 어떤 암보다 폐암으로 인한 사망률이 훨씬 높으며, 폐암 사망자의 약 90퍼센트가 흡연 또는 간접흡연과 연관되어 있다. 흡연은 또 다른 암의 발병 위험을 높이며,[8] 심장병을 일으키는 주된 위험 인자이기도 하다.[9]

다행히 그간 미국에서는 흡연 인구가 조금씩 감소해 왔다. 1965년에는 미국 성인의 42.4퍼센트가 흡연자였지만, 2022년에는 19.8퍼센트만이 담배를 피운다고 응답했다. 특히 젊은 세대의 경우에는 2011년부터 2022년 사이에 흡연율이 큰 폭으로 낮아졌다.[10]

그런데 이처럼 젊은 세대의 흡연율이 낮아지는 동안 약물 남용과 알코올 관련 문제는 더욱 심각해졌다. 미국에서는 이른바 '절망사'(deaths of despair), 곧 자살이나 약물 남용, 알코올 의존증으로 인해 생을 마감하는 청년들이 점점 늘고 있다. 안타깝게도 2000년부터 2017년 사이에 절망사로 세상을 떠난 미국인 수가 두 배나 늘었다.[11]

이렇듯 절망사가 증가하는 현상은 세 가지 범주 모두에서 관찰된다. 21세기가 시작되고 처음 20년 동안 미국인의 자살률은 32퍼센트 증가했으며, 특히 10~34세 연령층에서는 자살이 두 번째로 높은 사망 원인이 되었다.[12] 2021년에 약물 과다 복용으로 인한 사망자 수는 1999년의 수치보다 여섯 배가 넘었고,[13] 1999년부터 2020년 사이에 약 932,000명의 미국인이 이런 식으로 목숨을 잃었다.[14] 그리고 근래에는 알코올 문제와 연관된 사망자 수 역시 30퍼센트가량 늘어난 상태다.[15]

코로나 팬데믹은 특히 이러한 요인과 연관된 사망률의 급증을 불러온 촉매제가 되었지만, 그 전에도 알코올 관련한 사망률은 계속 높아지는 추세였다. 이에 관해 2024년의 한 보고서에서는 이렇게 서술한다. "과도한 음주는 음주 운전 사고나 음주로 인한 간 질환, 여러 위험 요인으로 인해 매일 500명에 가까운 미국인의 사망을 초래한다. 매년 20~64세 미국 성인 사망자 가운데서 여덟 명 중 한 명은 과도한 음주로 숨을 거둔다고 볼 수 있다."[16]

그렇다면 이 비극적인 흐름을 역전시키기 위해 우리는 무엇을 할 수 있을까?

처방

때로 사람들은 교회를 마치 은퇴 계획의 일부처럼 여기곤 한다. 교회가 우리 인생 후반부에 중요한 역할을 할 수는 있지만, 머리털이 백발이 되기 전까지는 굳이 신경 쓰지 않아도 된다는 것이다. 하지만 교회 생활이 건강에 미치는 긍정적 효과는 인생의 훨씬 이른 시기부터 나타난다. 한 대규모 연구에 따르면, 스무 살 때 매주 한 번 이상 예배에 참석한 이들은 교회에 다니지 않았던 동년배보다 기대 수명이 약 7년 더 길었다.[17]

만약 당신이 이미 20대를 훌쩍 넘겼는데 여전히 교회에 다닐 가치가 있는지 고민된다면, 그 답은 분명하다. '그렇다!' 예를 들어, 40세 이상의 여성에게는 매년 유방 촬영 검사를 받을 것을 권장한다. 이는 조기 유방암 발견이 생명을 구해 줄 수 있기 때문이다. 그런데 40세 이상 여성이라면, 매주 교회에 가는 것도 사실상 연간 유방 검사만큼이나 기대 수명을 늘리는 효과가 있다.[18]

여러 연구 데이터를 종합한 결과, 밴더윌은 우리가 매주 교회에 출석할 때 향후 15년 사이에 사망할 확률이 20~30퍼센트 정도 낮아진다고 추정했다. 이 추정을 뒷받침한 한 대규모 연구에 따르면, 16년 동안 진행한 추적 관찰에서 매주 한 번 이상 종교 예식에 참석한 여성은 참석하지 않은 여성보다 사망 위험이 약 33퍼센트 낮았다.[19]

앞서 언급한 〈뉴욕 타임스〉 기사 속 장수의 일곱 가지 비결을 다시 보면, 우리는 종교 예식에 참석하는 일 역시 그 목록에 반드시 들어가야 함을 알 수 있다. 매주 교회에 가는 일은 우리가 향후 10년 안에 사망할 확률 면에서 2번 항목인 '더 많은 과일과 채소를 섭취하는 일'과 거의 동일한 효과를 가진다. 또한 1번과 4번의 '운동을 시작하는 일'이나 '금연'과 거의 비슷한 수준의 긍정적 영향을 미친다.[20]

만약 당신이 나처럼 규칙적인 운동을 못 하거나 또

는 흡연하는 습관이 있다면, 교회에 꾸준히 나감으로써 그 해로운 생활 습관의 영향을 상쇄할 수 있다는 말이다. 무엇보다 교회 생활 자체가 그 좋지 않은 습관들을 아예 버리는 데 도움을 준다.

흡연자들은 대부분 담배를 끊기 원하고 수없이 결심하지만 사실 금연에 성공하기란 그리 쉽지가 않다. 한 조사에 따르면, 흡연자의 85퍼센트가 적어도 한 번 이상, 45퍼센트가 세 번 이상 금연을 시도해 보았다고 한다.[21] 그런데 교회 출석은 금연의 측면에서도 실질적인 변화를 가져올 수 있다. 한 연구 결과, 매주 교회에 가는 사람은 전혀 가지 않는 사람보다 금연 성공률이 32퍼센트 더 높았다. 그리고 매주 두 번 이상 참석하는 사람은 40퍼센트 더 높았다.[22]

내가 학생 시절 다녔던 교회의 목사님은 설교 중 들려주는 짧은 예화들을 청중이 잠시 숨을 돌리는 시간이라는 뜻에서 '정신적인 담배 휴식'이라고 불렀다. 하지만 그 목사님은 매주 교회에 나오는 사람들은 실제로 담배 휴식이 필요할 정도로 흡연하지 않게 된다는 사실은 미처 알지 못했던 것 같다.

교회는 당신이 알코올 의존증이나 약물 과다 복용 문제와 씨름하는 경우에도 도움을 줄 수 있다. 앞서 살폈듯이 최근 몇 년간 절망사가 급증했으며, 정부에서는 이 비극적인 추세를 막으려고 다양한 공공 보건 정책을 시도했다. 그런데 실제로 절망사의 가장 효과적인 예방책 중 하나가 바로 교회 출석을 권장하는 것이다.

한 대규모 연구에 따르면, 매주 한 번 이상 예배에 참석한 여성은 그렇지 않은 여성보다 절망사 위험이 68퍼센트 낮았으며, 남성의 경우에는 33퍼센트 낮았다.[23] 매사추세츠주 케임브리지에 사는 내 이웃 가운데는 막연히 기독교가 여성에게 해롭다고 생각하는 이들이 많다. 하지만 자살이나 약물 과다 복용, 알코올 의존증으로 인한 사망 위험도의 측면에서, 이처럼 매주 교회에 출석하는 일은 특히 여성의 삶에 긍정적인 영향을 미치는 것이 사실이다.

그런데 당신이 이미 〈뉴욕 타임스〉 기사에 소개된 그 일곱 가지 비결을 잘 실천하는 중이라면? 그러면 굳이 교회에 갈 필요가 없어지는 것일까? 그렇지 않다. 약 4,000명의 노년층을 대상으로 6년간 진행한 연구에 따르면, 종교 활동에 자주 참여하는 사람은 그렇지 않은 사람보다 "사회적 지지를 더 많이 받고 우울증도 덜 겪으며 (금연과 알코올 소비 감소 등) 더 건강한 생활 습관을 유지"했다. 그런데 연구진은 단지 이런 이유만으로 "종교 활동과 더 긴 수명 사이의 연관성이 충분히 설명되지는 않는다"고 지적한다.[24]

다시 말해, 매주 사람들과 함께 예배를 드리는 것 자체가 우리의 삶과 건강을 증진하는 효과를 가져온다는 것이다.

+ 복용 지침 +

올해로 91세를 맞이한 도로시는 우리 교회에서 가장 나이가 많은 교인이다. 늘 단정한 모자를 쓰고 깔끔한 옷차림으로 교회에 나오는 그분은 젊은 층 위주로 돌아가는 우리 교회의 평균 연령대를 높여 줄 뿐 아니라 복장의 기준에서도 평균치를 높여 주신다. 자메이카 출신으로 아홉 명의 자녀를 둔 도로시는 하나님의 사람들과 함께 하나님을 예배하고 싶다는 열망을 품고, 매주 지팡이를 짚으며 직접 걸어서 교회에 나오신다.

나도 나이가 들면 도로시와 같은 모습으로 살고 싶다. 그분처럼 오랜 세월이 지난 후에도 약간의 보조 장치만을 써서 상당한 거리를 걸어 다니며, 매 주일 예배와 주중 성경 공부에 빠지지 않고 참석하며 사는 것이 내 삶의 간절한 소망이다.

하지만 우리는 교회 공동체가 도로시처럼 깨끗하고 단정하게 살아가는 이들만을 위한 곳이 아님을 기억해야 한다.

예수님은 공생애 동안 지극히 부정한 방식으로 살아가는 이들과도 종종 시간을 함께 보내셨다. 이러한 그분의 발자취를 좇아, 우리 교회는 흡연이나 알코올 의존증, 마약 문제와 씨름하는 이들을 사랑으로 품고 돕기 위해 백방으로 힘쓰고 있다.

중독 전문가 마이아 살라비츠는 이렇게 설명한다. "지금 미국인들이 심각한 중독의 위기에 직면한 이유는 단순히 저렴한 가격으로 경험할 수 있는 온갖 자극으로부터 과도한 도파민을 흡수하기 때문만은 아니다. 우리 사회의 진정한 문제는 전반적으로 사람들과의 긴밀한 유대, 공동체, 삶의 목적의식 등이 결핍된 상태라는 데 있다."[25]

건강한 교회는 지금 우리가 알코올 의존증과 약물 남용, 흡연, 포르노, 소셜 미디어 중독 등 어떤 문제에 시달리고 있든 간에 우리에게 정말 필요한 이 사회적 유대와 공동체, 진정한 삶의 목적을 제공해 줄 수 있다. 교회 생활은 우리가 다른 일시적 쾌락이나 잘못된 스트레스 해소 방법에 의존하지 않고 살아가도록 도와주는 놀라운 명약이 될 수 있다. 또한 기독교의 본질에 용서의 원리가 깊이 내재되어 있어, 우리가 실패하며 넘어질 때마다 건강한 교회 공동체는 우리와 함께하며 늘 붙들어 줄 것이다.

우리 교회의 한 60대 교인은 〈뉴욕 타임스〉 기사에 나온 그 건강 수칙들 거의 전부를 어기면서 살아간다. 담배를 피우고, 과일과 채소를 거의 먹지 않으며, 잠도 충분히 자지 못한다. 지긋지긋한 술 문제와 씨름해 온 지 수십 년이다. 물론 몇 달 내지 몇 년에 걸쳐 술을 끊고 지내기도 했다. 하지만 그러다가 매번 어떤 계기로 술을 다시 마시게 되고, 결국에는 알코올 의존증으로 다시 병원 신세를 지기를 반복했다.

그런 일이 생길 때마다 우리 교회 식구들은 그가 그 문제를 딛고 다시 일어서도록 돕고 있다. 물론 결코 한 번의 애씀으로 해결되지는 않는다. 결국 절망의 수렁에서 그를 건져 낼 수 있는 것은 오직 예수님을 향한 그의 믿음뿐이다.

한번은 그가 장기간의 음주 끝에 병원 생활을 마치고 나왔을 때, 그에게 어떻게 술을 끊을 수 있었는지 물었다. 그러자 그는 짧고도 분명하게 답했다.

"주님이 하셨습니다."

3

무너진 도덕성을 회복시키는 명약이 있다면?

2015년에 출간된 책 *Bad Faith: When Religious Belief Undermines Modern Medicine*(나쁜 신앙: 종교적 신념이 현대 의학을 약화시킬 때)을 막 집필하기 시작했을 당시, 의학 박사 폴 A. 오핏은 당연히 이 책에서 자신이 "리처드 도킨스나 크리스토퍼 히친스, 샘 해리스 같은 전투적인 무신론자들이 주장해 온 것과 동일한 내용을 반복하게" 될 것이라 예상했다. "종교는 비논리적일 뿐만 아니라 우리 삶에 심각한 해를 끼칠 가능성이 있다"고 말이다.

펜실베이니아대학교 의대 소아과 교수인 그는 그동

안 부모들이 종교적 이유로 자녀에게 꼭 필요한 도움을 거부한 결과, 수많은 아이가 생명을 잃는 광경을 가까이서 목격했기 때문이다. 하지만 성경의 가르침과 인류 역사를 연구한 뒤 오핏의 생각은 완전히 뒤집혔다. "당신이 하나님의 존재나 예수가 그분의 아들이심을 믿든 믿지 않든, 이 나사렛 출신의 예수라는 인물 앞에서는 깊은 인상을 받을 수밖에 없다"라고 밝히면서 그는 이렇게 덧붙였다.

> 한 역사가가 지적했듯이, 예수가 살았던 B.C. 4년부터 A.D. 30년경까지의 시기에 아동 학대는 "로마 제국에 만연한 가장 심각한 악덕 중 하나"였다. 당시에는 영아 살해와 유기가 흔히 벌어지곤 했다. ……
> 하지만 예수는 아이들의 생명과 가치를 중시했다. 주변 사람들 대부분이 아이들의 존재를 무시했던 그 시대에 아이들을 소중히 여기고 관심을 쏟았던 이가 바로 예수다.[1]

현대 사회는 어린 자녀들과 어린이들을 온전한 한

인간으로 인정한다. 하지만 오핏이 발견했듯이, 고대 그리스-로마 사회에서는 그렇지 않았다.

> 당시 세상은 아이들을 사람으로 보지 않았다. 노예와 다를 바 없이 재산처럼 취급했으며, 부모들은 자녀를 마음대로 다룰 수 있었다. 이런 탓에 아이들은 돌에 맞거나 구타를 당하거나 분뇨 더미에 던져지거나 굶어 죽었으며, 성 노예로 팔리거나 각종 성적 학대를 당하기도 했다.

기독교가 미친 역사적 영향력을 연구한 오핏은 다음과 같은 놀라운 결론에 이르렀다. "예수의 가르침이 아이들의 운명에 미친 〔긍정적인〕 영향은 아무리 강조해도 지나치지 않다.[2]

여기까지 읽고 나서 당신은 이렇게 생각하고 있을지도 모르겠다. '좋아. 어쩌면 기독교를 믿는 개개인에게는 건강과 행복의 관점에서 교회가 모종의 유익을 줄 수도 있겠지. 하지만 과거에 기독교의 이름으로 숱하게 저지른 만행은 어떻게 해명할 것인가?'

이 질문은 실로 합당하며, 지금부터 바로 그 문제에 대해 이야기하려고 한다. 다만, 먼저 짚고 넘어갈 것은 무엇이 '해악'인지에 관한 우리의 관념 자체도 우리가 그 사실을 깨닫든 그렇지 못하든 간에 기독교에서 유래했다는 것이다.

진단

역사를 되돌아보거나 오늘날 전 세계를 둘러보면, 당신은 근본적으로 잘못되었다고 느껴지는 수많은 일들을 보게 될 것이다. 오핏은 그중 몇 가지를 언급했다. 아동 학대, 끔찍한 폭력, 타인을 노예로 삼는 일, 가난한 이들이 겪는 굶주림과 억압.

하나님의 존재에 대한 각자의 견해와 상관없이, 우리는 사람들 대부분이 '보편적인 도덕 진리'라고 여기는 일련의 원칙들을 서로 공유한다. 예를 들어, 아마 당신은 모든 인간이 성별과 연령, 소득, 신체 능력, 인종적 배경과 무관하게 본질적으로 귀중한 존재임을 믿고 있을 것이다. 또한 우리가 가난에 시달리는 사람을 마땅히 도와야 한다고 생각하며, 강간, 영아 살해, 집단 학살을 도덕적으로 혐오스럽고 악한 일들로 볼 것이 분명하다.

오늘날 우리 문화권에 속한 대부분의 사람(여기에는 무신론자, 불가지론자, 유대인, 기독교인, 무슬림, 힌두교도, 불교도, 특정 종교에 속하지 않은 사람 모두가 포함된다)이 이런 원칙들을 자명한 진리로 받아들이기에, 우리는 이런 견해들을 (종교와 무관하게) 하나의 '보편적인 도덕 상식'으로 여긴다. 하지만 인류 역사를 살펴본다면, 실제로는 그렇지 않음을 알게 될 것이다.

이는 나만의 주장이 아니다.

불가지론자인 영국의 역사가 톰 홀랜드가 《도미니언》(*Dominion*)을 집필하기 시작했을 당시, 그는 인간의 보편적 가치와 평등에 대한 믿음을 특정 종교나 철학에 의존하지 않는 윤리의 근본 원리라고 생각했다. 하지만 오핏과 마찬가지로, 홀랜드 역시 자신의 생각을 바꾸었다. 이어지는 연구에서 인간의 보편적 가치와 평등에 대한 핵심 신념이 기독교를 통해 서구 세계에 도입되고 정착되었음을 발견했기 때문이다. 홀랜드에 따르면, 이러한 신념들의 기원은 "프랑스 혁명이나 미국 독립 선언, 혹은 계몽주의 운동에 있지 않고, 성경 그 자체에 있다."[3]

그러면 혹시 예수는 지구가 태양 주위를 돈다는 사실을 발견한 코페르니쿠스나 갈릴레이처럼 단순히 시대를 앞서간 인물에 불과했을까? 온 인류를 사랑하며 가난한 자와 병든 자, 억압받는 자들을 소중히 여기라는 그분의 가르침은 단순히 언젠가 드러나게 될 도덕적 진리를 조금 이른 시기에 보여 준 우연한 사례였을까?

결코 그렇지 않다. 홀랜드가 깨달았듯이, 예수님을 오늘날의 윤리적인 논의에서 배제한다면 우리의 윤리적 신념들이 세속적 토대 위에 든든히 서게 되는 것이 아니다. 오히려 우리는 마치 "기독교의 큰 나뭇가지 위에 걸터앉아, 그 가지를 톱질해 잘라 내는"[4] 사람과 같은 상황에 놓이게 된다.

역사학자이자 베스트셀러 작가인 무신론자 유발 하라리 역시 약간 다른 관점에서 같은 요점을 제시한다. 그는 미국 독립 선언문을 인용하면서, 미국인들이 "기독교로부터 평등의 개념을 얻었다"고 지적하고, 우리가 성경의 하나님을 믿고 따르는 일을 그만두면 이러한 도덕적

확신의 기반이 사라진다고 말한다.[5]

어떤 이들은 과학에 근거해 인간 평등에 대한 세속적 이해를 발전시켜 보려고 애쓰기도 한다. 그러나 하라리에 따르면, "인간의 고유한 가치와 권리에 대한 믿음은 …… 당황스럽게도 '호모 사피엔스'에 관한 과학적 연구 결과와 겹치는 부분이 거의 없다."[6] 실제로 그는 자신의 무신론적 관점에서, 인권 개념을 "인류의 풍부한 상상력이 만들어 낸 허구"라고 부른다.[7]

그렇다면 이 사실들이 지금 우리에게 시사하는 것은 무엇일까?

세계 곳곳에서 벌어지는 학살과 비인간적인 억압의 소식을 듣고 경악할 때, 우리는 이미 무의식중에 받아들인 기독교적 윤리와 가치관을 기반으로 그렇게 반응한 것이다. 강간과 아동 학대, 성적 인신매매 등의 범죄를 겪거나 극심한 빈곤에 처한 사람들의 모습을 보며 탄식하는 순간, 이미 우리는 성경의 진단 도구들에 근거해 그런 일들을 옳지 않은 것으로 인식한 것이다.

예수님 탄생 이전에 활동했던 로마 군인들에게 살육이나 노예화, 압제하는 일들은 그저 평범한 하루의 일과 였고, 더욱이 그 당시 사람들은 그리스-로마 문화의 신들이 이런 일들을 기뻐한다고 여기기까지 했다. 그뿐만 아니라 현재 우리가 '강간'이나 '아동 학대'라 부르는 일을 남성들의 성욕 배출을 위한 정상적인 방법으로 여겼다. 오늘날 우리는 남성과 여성이 본질적으로 동등한 가치를 지녔다는 사실을 당연시하지만, 당시 로마 사람들은 여성이 남성보다 분명히 열등하다고 믿었다. 또 오늘날 우리는 환자나 장애인이 건강한 사람과 본질적으로 동등하다고 여기지만, 고대인들은 그렇지 않았다. 오늘날 우리는 당연히 부자가 가난한 사람을 도와야 한다고 생각하지만, 홀랜드도 지적했듯이 그리스-로마의 신들은 "가난한 이들의 삶에 전혀 관심이 없었다."[8]

굶주린 자와 병든 자, 소외된 자들을 우리 사회의 윤리적 관심의 중심에 놓이게 만든 것은 구약의 비옥한 토양에 깊이 뿌리내린 예수님의 가르침이었다. 여성의 삶이 남성과 대등한 가치를 지니게 된 것도 그분이 여성을 존귀히 여기셨기 때문이었다. 나아가 역사가 카일 하퍼가 지적한 것처럼, 당시 로마 제국의 남성들이 자신들의 노예에 대한 성적 학대를 그치게 된 일이나 여성의 성적 동의라는 개념이 생겨난 것도 바로 기독교 성 윤리의 영향력에서 유래한 것이다.[9] 오핏이 발견한 것처럼, 우리가 어린이를 대하는 방식이 오늘날까지 변화되어 온 것도 예수님이 그들을 소중히 아끼셨기 때문이었다.

그런데 이런 것들은 과연 기독교 윤리만의 고유한 특징일까?

어쩌면 당신은 모든 종교에 일종의 황금률, 곧 '네가 대접받기를 원하는 방식대로 다른 이들을 대접하라'는 원칙이 있다는 말을 들어 본 적이 있을 것이다. 그렇기에 기독교 윤리만이 무언가 특별한 성격을 띠지는 않는다는 것이다. 하지만 여기서 우리는 다음 질문을 던져야 한다. "그 윤리 체계 안에서 중요하게 여겨지는 이들은 누구인가?" 고대의 여러 신념 체계에서, 우리가 정당하게 대우해야 할 '다른 이들'이란 곧 우리 자신의 신념이나 성별, 국적 또는 사회적 지위를 함께 공유하는 사람들을 지칭했다. 하지만 예수님은 그 '다른 이들'의 개념을 널리 확장하셨고, 우리와 가장 닮지 않은 사람들까지 그 대상에 포함시키셨던 것이다.

예수님이 한 율법 교사와의 만남에서 구약 성경의

도덕법 전체가 "네 이웃을 네 자신같이 사랑하라"는 말로 요약될 수 있음을 확언하셨을 때, 그 교사는 이렇게 반문했다. "그러면 내 이웃이 누구인가요?" 그리고 이에 대한 답으로, 그분은 민족적으로나 종교적으로 자신의 원수인 사람이 길에서 강도를 만나 쓰러져 있는 것을 보고서 사랑을 베푼 한 사람의 이야기를 들려주셨다(누가복음 10장 25-37절).

만약 예수님이 내린 이 도덕적 닻이 없다면, 우리에게 남는 것은 그저 "네가 원하는 대로 하라"(you do you)는 격언뿐이다. 이때에도 마치 "나는 스시가 맛있다고 생각한다"는 말과 마찬가지로, "나는 모든 인간이 본질적인 가치와 존엄성을 지닌다고 생각한다"고 표현할 수는 있다. 하지만 모든 이들이 이 신념을 마땅히 받아들여야 한다고 주장할 수는 없게 되는 것이다.

2년 전, 나는 하버드대학교 공중보건대학원에서 전염병 확산 방지 연구를 진행하던 한 무신론자 교수를 만난 적이 있다. 당시 그는 자신의 작업이 개발도상국의 취약 계층에 속한 사람들을 살리는 데 얼마나 크게 기여하는지를 내게 들려주었다. 이때 나는 그가 따르는 무신론에서는 인간의 보편적 가치에 대한 신념을 지지할 근거를 찾기 어렵다는 점을 정중히 지적했고, 그는 자신도 그 사실을 알고 있다고 인정했다.

종교가 없는 사람이라면 여기서 이렇게 생각할 수도 있다. '그래서 내가 하나님을 믿지 않는 거야. 내가 아는 무신론자들은 가난하고 취약한 사람들에 대한 관심이 남다르고 그들을 애써 돌보지만, 기독교인들은 말만 번지르르하지 실제로는 아무것도 안 해.' 물론 자비가 넘치는 무신론자들을 찾는 것은 어렵지 않은 반면, 스스로 그리스도인이라고 밝히면서도 도덕적으로 혐오스러운 삶을 사는 사람도 있다. 그러면 이처럼 많은 사람이 그리스도의 이름으로 온갖 악행을 저질렀으니 성경의 도덕적 진단은 도리어 기독교가 거짓임을 입증하는가?

상당히 좋은 질문이다.

지난 2,000년 역사와 오늘날 우리를 둘러싼 이 세상을 보면, 우리는 예수님을 따른다고 주장한 이들이 다른 사람들을 죽이고 억압하고 학대한 수많은 사례를 발견하게 된다.

물론 이런 끔찍한 악행 중 일부는 분명 스스로를 '그

리스도인'이라고 잘못 주장한 사람들이 저질렀다. 예수님도 친히 그분의 거짓 추종자들이 있을 것이라고 늘 경고하셨다. 그런데 또 어떤 심각한 죄악들은 (우리가 분별할 수 있는 한) 나름대로 진실한 신앙을 가진 사람들이 저지른 짓이기도 하다. 호주의 역사학자 존 딕슨은 자신의 책 《벌거벗은 기독교 역사》(*Bullies and Saints*)에서 자신을 그리스도인이라고 칭한 이들이 행한 도덕적 선행과 악행을 기록했다. 악행의 빈도수가 적지 않았다.

만약 성경이 그리스도인은 본질적으로 선하다고 가르쳤다면, 그리스도인들이 저지른 온갖 악행은 기독교 신앙이 거짓임을 드러내는 증거가 되었으리라. 하지만 성경은 그렇게 말하지 않는다.

성경은 그리스도인들이 본질적으로 선하다고 주장하지 않는다. 오히려 모든 인간이 철저히 썩고 부패한 존재임을 적나라하게 폭로한다. 우리가 이렇게 악하고 망가지고 잘못된 존재이기에, 예수님이 우리의 모든 죄에 대한 하나님의 징벌을 대신 지고 십자가에서 죽으셔야만 했던 것이다.

물론 예수님을 진실로 믿고 따를 때, 우리는 점차 이

웃을 사랑하며 본질상 죄악된 성향을 거부하게 된다. 하지만 성경은 예수님의 죽으심으로 우리의 모든 죄가 용서받는다고 약속하는 동시에, 그리스도인은 죽는 날까지 본질상 죄인인 상태를 완전히 벗어나지 못한다는 점도 분명히 가르친다.

이처럼 신자 안에 남아 있는 죄성은 기독교의 메시지가 거짓임을 입증하는 것이 아니다. 오히려 이는 예수님의 죽으심이 반드시 필요했음을 보여 주는 하나의 증거일 뿐이다. 만약 우리 마음이 근본적으로 선했다면, 우리에게 필요한 것은 그저 우리를 올바른 길로 인도할 훌륭한 본보기였을 것이다. 그렇다면 하나님의 아들이 친히 오셔서 굳이 우리가 범한 모든 죄의 형벌을 대신 받기 위해 자기 생명을 버릴 필요가 없었을 것이다. 우리에게 도덕적 멘토는 필요했을지언정 십자가에 못 박힌 메시아는 필요하지 않았을 것이다.

지금 살아 있는 그 어떤 그리스도인도 예수님이 보여 주신 도덕적 기준에 완벽히 부합하는 삶을 살지는 못한다. 하지만 우리 그리스도인들이 범한 죄의 역사를 분별하고 비판하기 위해서라도 바로 그 기독교적인 도덕적

표준이 요구되는 것이다. 그렇다면 과연 예수님이 하신 일이라고는 그저 하나의 높은 도덕적 기준을 세운 뒤에 어떤 식으로든 그 뜻을 받드는 데 실패하고 마는 무수한 자신의 '추종자'들을 남겨 두신 것뿐일까? 그렇지 않다.

우리는 이제까지 그리스도인들이 저지른 온갖 도덕적 허물을 살피는 데서 그치지 않고, 주님의 이름으로 실천한 놀랍고 선한 일들의 숱한 기록 역시 숙고해 보아야 한다.

처방

오핏이 발견했듯이, 가난한 자와 병든 자, 억압받는 자들을 돌볼 것을 강조하신 예수님의 가르침은 그분을 따르는 사람들이 세계 곳곳에 병원을 짓고 고아들을 구하도록 선한 영향력을 끼쳤다. 그 가르침은 노예 제도 폐지 운동과 빈민 구제 활동, 성폭행 금지 법안 제정 등으로 이어졌다. 지난 2,000년 동안, 그리스도인들은 다른 어떤 종교나 철학적 전통의 추종자들보다도 더한 열심으로 자신을 희생하면서 어려움에 처한 이들을 보살펴 왔다.

예수님은 고통 중에 있는 사람들과 자신을 동일시하셨으며, 누구든지 이 "지극히 작은 자", 곧 배고프고 목마른 사람, 병든 사람, 갇힌 사람, 나그네를 보살필 때마다 바로 예수님을 보살피는 것과 같다고 가르치셨다(마태복음 25장 31-46절).

그렇기에 기독교에 회의적인 바트 어만조차 "사회가 가난하고 병든 이, 소외된 이들을 섬기고 돌보아야 한다는 개념은 기독교 고유의 관심사에서 나왔다"고 진단했다. 또한 만약 서구 세계에 기독교가 널리 퍼지지 않았더라면, "가난하고 병든 이들을 위한 체계적인 복지 제도나 의료 서비스는 아예 생겨나지 않았을 것"이라고 분석했다.[10]

'예수님의 사랑에 힘입어' 어려움에 처한 이들에게 베푼 그리스도인들의 사랑과 자비는 가장 극심한 기독교 반대자들에게까지 깊은 인상을 남겼다. 4세기의 로마 황제 율리아누스는 기독교로 개종했던 이전 황제의 정책을 뒤집고 제국을 다시 로마의 전통 신들로 되돌리려 하던 과정에서, 갈라디아의 대제사장 아르사키우스에게 편지를 보내 "저 그리스도인이라는 자들이 자기들 공동체의 가난한 이들뿐 아니라 우리 쪽의 가난한 이들까지도 돕고 있다"고 불평했다. 그는 이와 관련해 자기 휘하의 사제들이 가난한 이들을 돌보는 데서 더 분발할 필요가 있다고 한탄했다.

홀랜드가 지적했듯이, 이 기록은 반(反)기독교적 황제의 심장에 기독교적인 사고방식이 얼마나 깊이 스며들었는지 보여 준다. 당시 사제들은 자신들의 종교 체계 어디에도 가난한 이들을 도우라는 의무가 없었다고 정당하게 응수할 수도 있었을 것이다!

그러면 오늘날의 형편은 어떠한가?

수많은 서구인은 그리스도인들이 어려움에 처한 이들을 돕기보다는 그럴싸한 말만 늘어놓는다고 생각한다. 하지만 무신론자인 심리학자 조너선 하이트도 지적했듯이, 그런 생각은 전혀 옳지 않다. 동료 무신론자들의 이런 편견을 주목하며 그는 다음과 같이 피력한다.

> 오랜 조사들은 종교를 믿는 미국인이 세속적
> 사람보다 더 행복하고 건강한 삶을 살며 장수하는

동시에 자선 활동에, 또 서로에게 너그럽고 후하다는 것을 보여 주었다. 그리고 이런 특징 대부분은 그간 유럽에서도 관찰되었다.[11]

하이트는 종교가 없는 독자들에게 이 실제 증거들을 주의 깊게 살펴볼 것을 촉구한다. 그는 "만약 당신이 도덕성이 행복과 고통의 문제에 깊은 영향을 미친다고 믿는다면, 당신은 종교를 가진 사람들이 실제로 살아가는 방식을 자세히 들여다보고 그들이 무엇을 제대로 하고 있는지 물어볼 의무가 있다"고 말한다.

그러면 종교를 믿는 이들의 기부 활동은 오로지 교회의 예산을 늘리는 데만 국한되는 것일까? 그렇지 않다. 하이트는 "종교적인 신자들이 비종교인들보다 각종 자선단체와 이웃을 위해 더 많은 돈을 기부하며, 시간도 더 많이 내고, 헌혈도 더 많이 한다. 세속적 자유주의자들이 정부 복지 프로그램을 지지한다는 이유로 자선 활동에 잘 참여하지 않는 것을 어느 정도 눈감아 준다 하더라도, 그들이 왜 헌혈을 그토록 적게 하는지는 도저히 설명하기 어렵다."[12]

종교와의 연관성이 낮을수록 어려움에 처한 사람들을 더 후하게 돕는다는 생각은 실제 연구 데이터와 맞지 않는다. 이에 관해 2019년에 발표된 '자선 원탁회의' 조사 보고서는 이렇게 밝힌다. "여러 연구 결과를 종합해서 살필 때, 종교 활동은 후한 기부와 가장 강력하고 일관된 방식으로 연관되는 행동상의 변수다."

게다가 이 보고서는 다음 사실도 지적한다. "한 달에 두 번 이상 예배에 참석하는 사람의 3분의 2가 '종교 외 사안'에 기부하는 반면, 교회에 참석하지 않는 사람 중에 기부하는 비율은 절반에도 못 미친다. 또한 교회 다니는 사람의 '종교 외 사안'을 대상으로 한 평균 기부액이 약 20퍼센트 더 많다."[13]

이 책의 제목(How Church Could [Literally] Save Your Life: 원서 제목)은 교회에 다니는 것이 문자 그대로, 당신의 생명을 구할 수 있다고 주장한다. 그런데 이와 함께, 교회에 가지 않는 수많은 이들의 생명이 교회에 다니는 이들의 실제적인 후한 베풂 덕분에 건져졌다는 것 역시 사실이다.

나 같은 복음주의자들은 종종 언론에서 어려움에 처

한 이들을 돌보지 않는 위선자라고 맹비난을 받는다. 물론 그런 비난이 정당할 때도 있다. 하지만 퓰리처상 수상자이자 생의 많은 시간을 인도주의 위기 취재에 바쳐 온 언론인 니콜라스 크리스토프는 "겸손한 복음주의자들"(Evangelicals Without Blowhards)이라는 기사에서 "다른 집단보다 훨씬 높은 비율로 〔복음주의 그리스도인들은〕 자기 소득의 10퍼센트를 자선 단체에 기부할 가능성이 높다"고 이야기한다.

나아가 그는 이렇게 도전한다.

> 국내든 해외든 굶주림, 말라리아, 감옥 내 성폭행, 산과 누공(분만 후 질 파열로, 주로 의료 환경이 열악한 개발도상국에서 흔히 생기는 질환-옮긴이), 인신매매, 대량 학살에 맞서 싸우는 최전선에 가 보기를 바란다. 그러면 그곳에서 당신이 만날 수 있는 가장 용감한 이들 중 일부는 바로 자신의 신앙을 진실하게 실천하는 복음주의 그리스도인(또는 여러 면에서 그들과 유사한 보수적인 가톨릭 신자)일 것이다.[14]

만약 당신이 크리스토프처럼 '특별히 종교적이지는 않지만' 세계 곳곳의 취약한 이들이 겪는 어려움을 깊이 염려하는 사람이라면, 기독교의 가르침이 정말로 진리인지 한번 자세히 살펴보기를 바란다.

+ 복용 지침 +

신(新)무신론자 리처드 도킨스는 2019년에 출간한 저서 《신, 만들어진 위험》(*Outgrowing God*)에서 하나님을 믿는 사람들이 믿지 않는 사람들보다 평균적으로 더 바람직하게 행동한다는 것을 마지못해 인정한다. 그러나 그는 독자에게 "물론 우리같이 똑똑한 사람들은 신을 믿지 않지만, 다른 사람들이 신을 믿고 따르는 것은 그럭저럭 괜찮은 일일지도 모른다"[15]라고 말하는 것이 계몽되지 않은 대중을 업신여기는 태도가 된다고 생각했다.

하지만 이것은 실제 연구 데이터가 보여 주는 논리적 결론 중 하나이기도 하다. 만약 당신이 도킨스처럼 '나는 신의 존재를 믿을 만큼 어리석지 않다'라고 생각한다면, 자신은 교회에 나가고 싶지 않을 수도 있다. 하지만 이 사회 전체와 특히 어려움을 겪는 이들의 유익을 생각한다면, 결국 자신은 안 나갈지라도 다른 이들은 교회에 다니기를 바랄 수밖에 없다. 다만 그리 일관성 있는 태도는 아닐 것이다.

앞서 살펴보았듯이, 오핏은 예수님의 인격과 삶이 갖는 의미에 대해 이렇게 강조했다. "당신이 하나님의 존재나 예수님이 그분의 아들이심을 믿든 믿지 않든, 나사렛 출신의 예수라는 인물 앞에서는 깊은 인상을 받을 수밖에 없다."[16]

그러나 실제로는, 단순히 인간적 인상만으로는 충분하지 않다. 만약 예수님이 친히 사람이 되신 온 우주의 창조주 하나님이 아니라면, 인간의 보편적 가치에 대한 그분의 가르침을 반드시 믿고 따라야 할 근거가 없다. 그럴 경우 우리는 그저 원하는 대로 살아도 무방하다.

만약 우리가 무의미한 우주에서 수많은 태양 중 하나의 주위를 도는 작은 행성 위를 떠도는 복잡한 생물학적 개체에 불과하다면, 살인이나 강간, 아동 학대 역시 단순히 원자와 분자의 부단한 구조 변화를 통해 생겨나는 하나의 움직임일 뿐이다. 그렇다면 가치라는 관념 자체도, 우리가 가진 여러 가치관도 실재하지 않으며, 하라리의 표현처럼 "인류의 풍부한 상상력이 만들어 낸 허구"에 불과하다.

따라서 우리가 여전히 인간다운 삶과 도덕적 가치들을 지키고자 한다면, 다음 질문을 진지하게 숙고해 볼 필요가 있다.

"혹시 기독교가 진리인 건 아닐까?"

다음 장에서 바로 이 질문을 다루어 보려 한다.

4

삶의 마지막 문턱, 죽음 앞에서 답이 되는 명약이 있다면?

"암일 가능성이 50퍼센트 정도입니다."

기대한 답이 전혀 아니었다. 첫 정기 유방 촬영 검사에서 약간 의심스러운 조직이 발견되었다. 정밀 조직 검사를 받으러 갔을 때, 나는 담당 의사에게 암일 가능성이 얼마나 되는지 물었다. 반반 정도라는 대답에 나는 깜짝 놀랐다. 별일 아닐 거라고 예상했기 때문이다. 그다음 주까지 검사 결과를 기다리는 동안, 나는 생애 처음으로 내가 말기 질환에 걸렸을지도 모른다는 사실을 받아들여야만 했다.

현대 의학의 발전 덕분에 인류 역사상 그 어느 때보다 우리는 생생한 죽음의 현실에서 자신을 격리할 수 있게 되었다. 마음속 깊은 곳에서는 우리도 언젠가 죽게 되리라는 것을 알지만, 적어도 그 죽음이 멀리 있는 동안에는 끈질긴 경보음에 귀를 막는 편을 선택할 수 있는 것이다. 하지만 어느 시점에 가서는 그 소리가 너무 커져서 끝까지 못 들은 척할 수가 없게 된다. 사랑하는 누군가가 세상을 떠나거나 의사가 우리에게 암을 선고하는 순간이 불시에 찾아온다.

교회 다니는 일의 유익에 관한 연구들을 검토하면서, 밴더윌 교수는 고통스러울 정도로 명백한 진실을 짚어 준다. "물론 종교 활동에 참여한다고 해서 그것이 우리를 '죽음' 자체로부터 보호해 주지는 못한다."[1]

그렇다면 우리가 다 죽게 될 것이라는 이 불편한 사실을 어떻게 받아들여야 할까?

성인이 된 이후로 계속 루게릭병에 시달렸던 물리학자 스티븐 호킹은 죽음을 이렇게 묘사했다. "나는 인간의 뇌를 언젠가 그 구성 요소들이 고장 날 때 작동을 멈추는 일종의 컴퓨터로 간주한다." 그의 관점에서는 인간의 삶에 그 이상의 무언가가 있지 않았던 것이다. 호킹은 또 이렇게 이야기했다. "고장 난 컴퓨터를 위한 천국이나 내세 같은 것은 없다. 그런 것들은 단지 어둠을 무서워하는 이들을 위해 지어낸 동화일 뿐이다."[2]

그렇다면 현대 세계에서 높은 수준의 교육을 받고 과학적으로 사고하는 사람들은 전부 이런 식으로 생각해야 하는 것일까? 현대 의학을 가능하게 했던 인류 지식의 발전이 그와 동시에 사후 세계에 대한 믿음을 앗아 간 것일까?

나는 그렇게 생각하지 않는다.

밴더윌 교수는 하버드와 옥스퍼드에서 수학부터 철학에 이르는 다양한 분야의 학위를 받은 세계적인 역학자(epidemiologist)다. 그런 그가 기독교에 관해 이렇게 진술한다. "기독교는 그저 마음 약한 사람들이 터무니없는 이야기들을 무턱대고 믿는 문제가 아니다. 기독교 신앙에는 상당한 신뢰성을 부여하는 여러 진지한 증거들이 있다."[3] 이것이 암에 걸렸을 가능성이 50퍼센트라는 이야기를 들었을 때 내 마음속에 충만한 소망을 심어 주었던 바로 그 증거들이며, 우리는 이 장에서 그중 일부를 다루어 보려 한다.

앞으로 우리는 기독교 신앙의 핵심적인 진리 주장 중 하나를 살펴볼 것이다. 예수님이 모든 사람에게 절실히 필요한 바로 그 의사가 되신다는 것이다.

진단

처음 유방 촬영 검사를 받으러 갔을 때, 나는 평소 컨디션이 아주 좋다고 느끼는 상태였다. 그러니 당연히 내가 암에 걸렸을지도 모른다고 의심할 이유가 전혀 없었다. 하지만 암이 실로 잔인한 질병인 이유는 우리 몸이 서서히 죽음의 길로 내리닫는 동안에도 아무 문제가 없다고 느낄 수 있기 때문이다.

그래서 우리에게는 정밀 검사로 우리 몸속을 들여다보고 건강 상태를 평가해 줄 전문가가 필요하다. 숙련된 방사선과 전문의처럼, 예수님은 우리가 느끼는 통증 여부와 상관없이 우리의 영적 건강 상태를 정확히 진단해 주신다.

신약 성경에서 우리가 제일 먼저 접하는 책은 바로 마태복음이다. 마태복음 9장에 마태가 예수님을 만나게 된 계기를 서술하는 이야기가 나온다. 당시 마태는 예수님과 마찬가지로 유대인이었지만, 로마의 지배자들을 위해 일하는 세리로서 자기 동족인 유대인들에게 세금을 걷는 일을 했다.

당시 세리들은 유대인들에게 지독히 미움을 받았다. 그도 그럴 것이 그들이 동족들을 착취해서 이익을 얻는 동시에 추가로 돈을 징수해서 자신들의 주머니를 채우곤 했기 때문이다. 그들은 유대인들에게 기피 대상이었다. 그런데 이상하게도, 예수님은 세리 마태를 자신의 핵심 제자로 부르셨다. 게다가 더 이상한 것은 마태가 자신의 사회적 지위를 버리고 즉시 그분을 따랐다는 사실이다.

예수님이 마태의 집에 저녁을 드시러 가셨을 때 "많은 세리와 죄인들"이 와서 그 식사 자리에 함께했다(마태복음 9장 10절). '바리새파'로 알려진 당대의 종교적 열심이 지극했던 유대인들은 이 모습을 보고 경악하면서 예수님의 제자들에게 이렇게 질문했다. "어찌하여 너희 선생은 세리와 죄인들과 함께 잡수시느냐"(마태복음 9장 11절).

이는 충분히 납득이 가는 질문이었다. 당시 예수님은 '하나님이 보내신 분'으로 여겨졌다. 그런 분이 당대의 가장 악명 높은 죄인들과 한자리에서 식사를 하신 것이다. 오늘날의 표현으로 하자면, 한 유명한 목회자가 라스베이거스의 가장 수상쩍은 카지노로 곧장 걸어 들어가는 것과 비슷한 상황이다.

예수님은 이런 바리새인들의 비판에 대해 다음과 같이 인상적인 답을 하셨다. "건강한 자에게는 의사가 쓸 데 없고 병든 자에게라야 쓸 데 있느니라 너희는 가서 내가 긍휼을 원하고 제사를 원하지 아니하노라 하신 뜻이 무엇인지 배우라 나는 의인을 부르러 온 것이 아니요 죄인을 부르러 왔노라"(마태복음 9장 12-13절).

일리가 있는 말씀이다. 우리에게 의사가 필요한 것은 건강할 때가 아니라 암 같은 위험한 질병에 걸렸을 때다. 만약 예수님이 하나님이 보내신 영적 의사라면, 그분은 선한 이들을 위해서가 아니라 도덕적으로 병든 사람들을 위해 오신 것이 분명하다. 세리들은 마치 당대의 영적 나병환자와 같아서 그들의 병든 상태가 모든 이들 앞에 고스란히 드러나 있었다. 이런 상황에서 예수님의 긍

훌에 관한 말씀은 우리 마음을 계속 맴도는 질문을 남긴다. '바리새인들에 대해서는 어떻게 생각해야 할까?'

이 이야기에서 당신은 어느 인물 유형에 속한다고 생각하는가? 물론 나는 당신이 우주의 창조주 하나님이 계신다고 믿는지 여부는 알지 못한다. 하지만 잠시라도 그분이 살아 계신다고 가정할 때, 과연 그분이 당신을 '의롭거나' '선한' 사람으로 여기실 것이라고 생각하는가? 물론 자신이 완벽하다고 말할 사람은 없을 것이다. 하지만 어쩌면 당신도 바리새인들처럼, 자신이 하나님 보시기에 충분히 선하다고 여기고 있을지도 모른다.

아니면, 스스로를 세리들과 좀 더 동일시할지도 모르겠다. 어쩌면 당신은 '만약 사람들의 삶을 심판하시는 하나님이 살아 계시다면 나는 그분이 진노하시는 대상에 속할 것'이라는 은밀한 두려움을 품고 있을 수도 있다. 내 절친한 벗 레이첼도 하나님의 존재를 처음으로 인식했을 때 그런 감정을 느꼈다고 했다.

당시 예일대학교 학부생이었던 레이첼은 철저한 무신론자였다. 그런데 어느 날 도서관에서 기독교에 관한 책을 읽던 중 갑자기 하나님이 살아 계신다는 확신이 들었다. 그야말로 두렵고 떨리는 순간이었다. 자신이 얼마나 악한 존재인지 누구보다 잘 알고 있었기 때문이다. 그녀는 탐욕스럽고, 이기적이며, 비열하고, 거짓되고, 성적으로 문란하기까지 했다. 심지어 당시에 읽고 있던 그 책조차 몰래 훔친 것이었다! 레이첼은 복음서 속 세리들과 다를 게 없는 사람이었다.

그런데 마태복음이나 예수님의 삶을 기록한 성경의 다른 세 전기(마가복음, 누가복음, 요한복음)를 죽 읽어 보면, 사람의 영적 상태에 대한 예수님의 진단이 레이첼 같은 '세리' 유형의 사람들뿐 아니라 겉보기에 가장 깨끗하고 종교적인 삶을 사는 이들에게도 나쁜 소식임을 알게 된다. 마치 정밀한 영상 장치가 우리 신체의 모든 구조를 꿰뚫어 보는 것과 마찬가지로, 예수님도 우리 마음 깊은 곳에 있는 영적 암세포를 전부 파악하고 진단하시기 때문이다(마가복음 7장 20-23절).

물론 이렇게 생각할 수도 있다. '물론 나는 완벽하지 않지. 하지만 그렇다고 해서 영적 암 환자도 아니야! 살인자나 강간범 같은 사람들이 하나님의 심판을 받는 것은 충분히 이해할 만해. 하지만 나는 그들과는 다르다고!'

그러나 예수님 말씀에 따르면, 당신과 나도 살인자들과 크게 다를 바 없는 사람이다. "옛사람에게 말한 바 살인하지 말라 누구든지 살인하면 심판을 받게 되리라 하였다는 것을 너희가 들었으나 나는 너희에게 이르노니 형제에게 노하는 자마다 심판을 받게 되고"(마태복음 5장 21-22절).

물론 우리는 살인이라는 극단적인 폭력의 방식으로 자신의 분노를 표현하지 않을 수도 있다. 하지만 어쩌다 살인을 저지른 사람들의 이야기를 접할 때, 우리 또한 만약 저런 환경에 처했다면 그 길을 택했을지도 모른다는 불편한 생각을 떠올리게 된다.

세계적인 베스트셀러가 된 도나 타트의 소설《비밀의 계절》(*The Secret History*)에서는 자신들의 절친 중 한 명을 살해하기로 음모를 꾸민 몇몇 대학생의 이야기를 들려준다. 그 학생 중 한 명인 소설의 화자는 스스로를 나쁜 사람으로 보지 않는다고 주장하며, 독자 역시 그들이 살인에 이른 과정을 따라가면서 그들이 어떻게 그런 일을 벌이게 되었는지를 조금씩 헤아리게 된다. 그러고는 자신도 그런 상황에 처했다면 그들과 똑같이 행동하지 않았겠는지 반추해 보게 되는 것이다.

이와 비슷하게, 우리는 누군가가 해로운 성적 행실에 빠진 이야기를 듣고서 이렇게 생각할 수 있다. '나는 그런 사람들과 달라.' 하지만 예수님은 우리 자신의 마음속을 정직하게 들여다보면 실제로는 그들과 크게 다르지 않음을 발견하게 될 것이라고 말씀하신다. 첫 제자들에게 그분은 이렇게 말씀하셨다. "또 간음하지 말라 하였다는 것을 너희가 들었으나 나는 너희에게 이르노니 음욕을 품고 여자를 보는 자마다 마음에 이미 간음하였느니라"(마태복음 5장 27-28절).

만약 우리 마음속의 이기심과 비열함, 탐욕, 부끄러운 욕망, 사소한 질투심, 타인의 고통을 외면하는 못된 마음씨를 낱낱이 아시는 하나님이 실제로 계신다면, 그분이 우리를 영적 병든 자로 진단하시는 것은 결코 놀랄 일이 아니다. 그럼에도 불구하고 예수님은 우리를 구해 줄 가치조차 없는 자로 여겨 외면하지 않으시고, 자신이 이처럼 병든 자들을 돕기 위해 하나님께로부터 온 참된 의사임을 선언하신다.

성경은 우리에게 가장 큰 위험은 어떤 끔찍한 사고

나 질병으로 숨을 거두는 것이 아니라고 말한다. 우리에게 닥칠 가장 큰 위험은 언젠가 우리가 반드시 창조주 하나님의 의로운 심판대 앞에 나아가 그분과 마주 서야 한다는 것이다. 지금 우리에게 가장 필요한 일은 이 땅에서 건강과 안정을 가능한 한 유지함으로써 죽음을 최대한 늦추는 것이 아니다. 그보다도 우리에게는 우리 죄에 대한 하나님의 심판을 친히 짊어지시고 우리를 그 죽음과 무덤 너머에 있는 영원한 생명과 사랑으로 이끄시는 구주가 간절히 필요하다.

아마 당신은 이렇게 생각할지 모르겠다. '잠깐만! 지금 나더러 이 우주를 만든 신이 정말 있다고 믿으라는 건가?'

이름이 널리 알려진 몇몇 과학자 중에 과학의 발전을 통해 창조 개념의 그릇됨이 입증되었다고 주장하는 이들이 있다. 물리학자 스티븐 호킹 역시 마지막 저서에서 이렇게 주장한다. "하나님은 없다. 아무도 이 우주를 창조하지 않았으며, 우리의 운명을 주관하는 이 역시 존재하지 않는다."[4]

하지만 무신론을 옹호하는 다수의 저명한 과학자들

에 맞서, 자기 전공 분야에서 왕성하게 활동하는 동시에 예수님을 신실하게 믿고 따르는 세계적인 학자들도 있다. 케임브리지대학교에서 스티븐 호킹과 긴밀히 협력하면서 연구했던 동료 교수 중 한 사람인 폴 셸라드는 누구보다도 신앙이 확고한 그리스도인이다.

또한 그 대학의 다른 물리학 교수인 러셀 카우번은 이렇게 자신의 신앙관을 밝혔다. "우리가 과학을 깊이 알아갈수록 하나님의 존재가 더 작아지는 것은 아니다. 과학을 통해 우리는 그분의 창조 활동을 더 자세히 들여다보게 될 뿐이다."[5]

인류 역사를 돌아볼 때, 우리는 지금 '과학'으로 불리는 학문을 처음 발전시킨 것이 바로 성경에서 자신을 계시하신 하나님을 믿는 이들이었음을 발견하게 된다. 앞서 우리는 인간의 보편적 가치에 대한 깊은 확신이 바로 우리에게 도덕법을 주신 하나님에 대한 믿음을 통해 가장 확고히 세워질 수 있음을 살펴보았다. 이와 마찬가지로, 자신의 일관된 법칙들에 따라 온 우주를 지으신 유일하신 하나님의 존재는 우리의 과학 방법론을 위한 최상의 토대가 된다.

어떤 이들은 과학자들이 여러 자연 현상에 관해 (초자연적 원인보다) 주로 자연적 원인을 찾으려 들기에, 과학은 우리를 무신론으로 안내하는 일종의 표지판과 같다고 여긴다. 그러나 프린스턴대학교의 과학철학자인 한스 할버슨 교수가 설명한 것처럼, 과학의 목표는 이 우주의 법칙과 원리들을 알아내는 것이며, 이는 마치 어떤 집의 청사진을 풀어내는 작업과 같다.

만약 당신이 지금 살고 있는 집의 건축 설계도를 재구성하는 데 성공한다 해서, 그 설계도에서 건축가의 모습을 직접 보게 되리라고는 기대하지 않을 것이다. 그리고 그의 모습이 보이지 않으니 건축가의 존재 자체를 부정해야 한다고 생각하지 않을 것이 분명하다.[6] 건축가는 집의 청사진을 구상한 사람이지, 그 집의 일부는 아니기 때문이다!

이제 잠시, 우주를 창조하신 하나님이 살아 계신다고 생각해 보자. 우리는 어떻게 예수님이 그 하나님에 대한 유일하고 참된 계시라고 말할 수 있을까? 이 시대의 많은 사람들은 종교적인 주장들을 (과학의 진리들과 달리) 일종의 취향에 더 가깝다고 생각한다. 전 세계 여러 문화권에서 다양한 음식을 즐기듯이, 예수님도 '나에게는 참되지만 당신에게는 아닐 수 있다'는 것이다.

하지만 우리가 이런 관점에서 종교의 문제에 접근할 수 없는 이유는, 예수님이 불편할 정도로 배타적이면서도, 극단적으로 포용적이며, 완고할 만큼 객관적인 분이시기 때문이다.

첫째, 예수님은 불편할 정도로 배타적인 분이시다. 그분은 그저 자신이 우리를 하나님과의 교제로 인도하는 길 중 하나라고 주장하는 데 그치지 않고, "내가 곧 길이요 진리요 생명"이라고 말씀하신다(요 14:6). 만약 당신이 예수님은 우리를 하나님께로 이끄는 여러 경로 중 하나일 뿐이라고 믿는다면, 이는 그분의 가르침을 정면으로 거스르는 일이 된다.

마치 저녁 식사에 초대된 불편한 손님처럼, 네 개의 복음서에서 묘사되는 예수님은 다른 종교 지도자들과 똑같이 '종교'라는 식탁에 나란히 앉지 않으신다. 그분은 성난 폭풍우를 잠잠케 하시고, 병든 자들을 고치시며, 죽은 자들을 살리시고, 죄인들과 함께 식사를 나누시는, 한마디로 완전히 다른 분이셨다. 이런 분이시기에 "모든 종교는 결국 하나다"라는 식의 현대의 진부한 통념은 그분의 정체성과 사역에 잘 들어맞지 않는다.

둘째, 예수님은 극단적으로 포용적인 분이시다. 그분은 특정 문화나 민족적 배경에 매이지 않고, 전 세계에 걸쳐 수십억 명에 이르는 자신의 제자들을 거느리신다. 아시아와 아프리카, 북미, 남미, 유럽, 호주 등지에서 수많은 사람들이 오늘도 그분을 믿고 따른다. 지금 기독교 교회는 전 세계에서 가장 크고도 다양한 구성원들로 이루어진 종교 집단이며, 모든 인종과 지리, 문화의 장벽을 넘어서는 방식으로 존재하고 있다.[7]

예수님이 펼치신 주장들은 세계의 어느 한 민족, 한 지역에서만 그 의미를 갖는다고 제한될 수 없다. 기독교 신앙 운동이 처음부터 다문화적인 동시에 다민족적인 성격을 띠었기에 그렇다.

내 지인 중에는 세계적인 수준의 대학에서 가르치는 교수들이 여럿 있는데, 그들은 유대교나 힌두교, 이슬람교, 불교 등 다양한 종교적 배경에서 자라났지만 지금은 예수님만이 우리를 하나님께로 인도하는 참된 길이 되심을 확신한다. 나아가 '모든 종교가 동일한 내용을 가르친다'고 주장하는 것은 사실 다양한 세계 종교의 추종자들을 바르게 존중하는 태도가 아니다. 궁극적으로 이는 각 종교가 지닌 고유의 주장을 진지하게 고려하지 않게 되기 때문이다.

셋째, 기독교의 주장들은 완고할 만큼 객관적이다. 기독교의 진리는 한 역사적 사건, 곧 예수님의 육체적 부활에 달려 있다. 아마 당신은 현대 교육을 받은 사람들이 2,000년 전에 누군가가 죽었다가 다시 살아났다고 믿는 것은 불가능하다고 생각할지도 모르겠다. 하지만 실제로는 그렇지 않다.

2022년 여름, 역사학 교수이자 저널리스트인 몰리 워든이 그리스도인이 되었다. 앞서 워든은 자신이 인터뷰한 목회자에게서 예수님의 부활에 관한 여러 증거를 직접 조사해 보라는 권면을 들었다. 여러 달에 걸쳐 각종 책과 논문들을 샅샅이 살펴본 뒤, 워든은 예수님이 실제로 죽었다가 다시 살아나셨다는 사실이 그 모든 증거들을 가장 잘 설명해 준다는 결론에 이르렀다.

또한 그녀는 만약 이 사건이 사실이라면 모든 것이 완전히 달라진다는 것을 깨달았다. 이제 더 이상 방관자로 머물 수 없었다. 예수님이 죽음을 이기셨다면 당연히 그녀의 충성과 신뢰를 받으실 권리도 있는 것이다.

내 말뜻을 오해하지 말라. 1세기의 한 유대인 랍비가 죽음의 세력을 꺾고 일어났으며, 온 우주의 합당한 주관자임을 받아들이려면 분명 믿음이 필요하다. 하지만 이는 여러 외적 증거로부터 분리된 믿음이 아니다.

지금 나는 캘리포니아로 가는 비행기 안에 있다. 이 비행기에 탑승한 것도 믿음에서 나온 행위다. 내 생명을 이 비행기의 조종사와 비행기를 설계한 엔지니어들에게 맡긴 것이기 때문이다. 물론 이런 내 믿음이 잘못된 것일 수도 있다. 안 그래도 우리는 방금 상당히 큰 난기류를 겪었으며, 함께 여행 중인 내 딸은 비행기가 추락할지 몰라 몹시 겁을 먹었다.

나는 그런 일이 없을 거라며 아이를 안심시켰지만, 가끔 실제로 비행기가 공중에서 추락하는 경우도 있으니 내 말이 틀릴지도 모른다. 그래도 내게는 이 날개 달린 금속 튜브 모양의 기계가 우리를 보스턴에서 로스앤젤레스까지 무사히 데려다줄 것이라고 믿을 만한 여러 확실한 증거가 있다.

하지만 내가 2,000년 전으로 돌아가 거대하고 속이 텅 빈 금속 덩어리가 하늘로 날아올라 구름 위로 이동할 것이라는 기대를 품고서 그 안에 앉아 있으라고 누군가에게 말했다면, 사람들은 내가 미쳤거나 무언가 터무니없는 기적을 바란다고 생각했을 것이다. 하지만 오늘날에는 비행기가 날 수 있다고 믿지 않는 사람이 오히려 이상해 보인다.

어떤 이들은 예수님의 주장들이 시간이 흐르면서 점점 더 믿기 어려운 것이 되었다고 생각한다. 고대 사람들은 인간인 동시에 하나님이며 죽음 가운데서 다시 살아나신 분에 관한 이야기를 곧이곧대로 믿고 따랐지만, 오늘날 우리에게는 그것이 거짓임을 알 정도의 지식이 충분하다는 것이다. 하지만 사실은 오히려 인류의 역사가 진행되는 동안 예수님의 주장들이 점점 더 신뢰성을 얻어 왔음을 보게 된다.

예수님이 로마 제국 치하의 십자가에서 숨을 거두셨을 때, 그분께는 그저 수십 명의 추종자만 있을 뿐이었다. 그분은 자신이 하나님께서 유대 백성에게 보내 주기로 약속하신 위대한 왕이라고 주장했지만, 자신의 왕관을

쓰는 대신 비참한 죽음을 당하셨다. 아마도 합리적인 관찰자라면, 이후 이 유대의 작은 종파가 로마 제국의 혹독한 탄압 아래 금세 세력을 잃고 사라지리라 예상했을 것이다. 하지만 그렇게 되지 않았다.

예수님은 제국을 통치하거나 군대를 양성하신 적이 없으며, 심지어 자신의 가르침이 담긴 책을 집필하지도 않으셨다. 그분의 제자들은 대부분 가난했고 당대의 권력층과는 거리가 멀었다. 그럼에도 불구하고 기독교 운동은 예수님의 죽음 이후 오히려 온 세상에 들불처럼 퍼졌으며 지금까지 계속 성장했다.

오늘날 전 세계 인구의 약 3분의 1가량이 기독교 신앙을 고백한다. 심지어 스스로를 무신론자로 여기는 이들의 도덕성과 인간의 보편적 가치에 관한 신념까지도 예수님의 가르침에 깊은 영향을 받았으며, 현대 과학을 탄생시킨 것도 바로 그분을 믿고 따르는 이들이었다.

1세기에 기록된 그분의 네 권의 전기와 그분의 첫 제자들이 쓴 편지들은 역사상 최고의 베스트셀러가 되었다. 예수님은 누구든지 그분을 따르려는 사람은 어려움에 처한 사람들을 돌봐야 한다고 가르치셨으며, 이 가르침은 이후 역사 속에서 가난한 자나 고통과 억압에 시달리는 이들을 든든하게 보호하고 지원하는 일에 지대한 영향력을 끼쳤다.

마태복음 끝부분에서 예수님은 자신의 제자들에게 이렇게 말씀하셨다. "하늘과 땅의 모든 권세를 내게 주셨으니"(마태복음 28장 18절). 그리고 2,000년이 지난 지금, 그분의 이 자기 선언은 이전보다 더욱 설득력 있게 다가온다.

이처럼 예수님이 하나님께로부터 보냄받은 참의사이시며 우리가 모두 영적으로 병들었다는 것이 그분의 진단이라면, 우리의 이러한 상태를 치료하시기 위한 그분의 처방은 과연 무엇일까?

처방

내 친구 레이첼이 하나님이 살아 계시며, 그녀의 모든 말과 생각, 행동을 심판할 권리가 그분께 있음을 처음 깨달았을 때 그녀는 끔찍한 공포심에 사로잡혔다. 이는 일종의 말기 암 진단처럼 기독교 신앙이 우리에게 전하는 나쁜 소식이다.

하지만 그로부터 얼마 후, 레이첼은 예수님이 내미시는 또 하나의 놀라운 손길을 깨닫고 마음 깊이 감격했다. 위대한 의사이신 그분은 그저 어떤 '마법의 약'을 우리에게 건네주고서 행운을 비는 데 그치지 않았기 때문이다.

오히려 주님은 우리의 모든 도덕적 질병을 친히 짊어지셨으며, 우리를 위해 자신의 생명까지 내놓으셨다. 자신의 첫 제자들에게 설명해 주셨듯이, 예수님은 하나님께로부터 보냄받은 위대한 왕이시면서도 "섬김을 받으려 함이 아니라 도리어 섬기려 하고 자기 목숨을 많은 사람의 대속물로 주〔기〕" 위해 이 땅에 오셨다(마태복음 20장 28절).

그리고 예수님이 십자가에 달리셨을 때 그분은 우리가 마땅히 받아야 할 벌을 대신 감당하셨다. 그리하여 이제 그분을 믿고 신뢰하는 사람은 누구든지 죄를 용서받고 영원히 하나님의 소유로 받아들여지게 된 것이다.

그분은 우리의 몸 구석구석 새로운 피가 돌게 하시

려고 자신의 모든 피를 쏟으셨고, 우리의 폐에 새 생명의 숨을 채우시려고 십자가에서 숨을 거두셨다. 주님은 가장 끔찍한 죽음을 친히 감내하셨고, 그리하여 우리가 그분을 구주로 믿기만 하면 그분과 더불어 지극히 복된 생명을 영원히 누릴 수 있게 되었다.

이 복음의 약속은 값없이 주어지는 선물이지만, 우리 역시 그 선물을 굳게 붙들어야 한다. 의사가 필요한 사람은 건강한 사람이 아니라 병든 사람이며, 우리의 삶과 형편을 예수님 손에 전부 맡기려면 먼저 자신이 영적으로 병들었음을 깨달아야 한다.

만약 당신 스스로가 영적으로 온전한 상태라고 여긴다면, 예수님의 이 제안이 딱히 좋은 소식으로 들리지 않을 것이다. 하지만 당신의 가장 어둡고 천하며 더러운 생각들을 꿰뚫어 본다면 누구라도 당신에게서 멀리 달아나리라는 것을 마음 깊이 느끼고 있다면, 당신은 이미 예수님의 너른 품으로 달려갈 준비가 된 사람이다.

+ 복용 지침 +

이 책 서두에서, 나는 당신의 눈앞에 놓인 이 책을 일종의 알약으로 상상해 볼 것을 요청했다. 그런 다음, 나는 매주 교회에 가는 일이 우리로 하여금 더 행복하고 건강한 삶과 장수를 누리게 하는 약처럼 유익하게 작용할 수 있다고 이야기했다. 하지만 이와 동시에, 당신이 평생 교회에 다니면서도 정작 중요한 '복음'의 약을 복용하지 않을 수 있는 것 역시 사실이다.

물론 그 약은 삼키기가 어렵다. 약을 삼키려면 우리의 자존심을 내려놓고 절박한 자신의 필요를 인정해야만 하기 때문이다. 하지만 자신이 상상한 것보다도 훨씬 더 나쁜 사람이라는 사실을 정직하고 겸손하게 받아들여야 자신이 얼마나 깊이 사랑받는 존재인지를 볼 수 있는 눈이 생긴다.

우리 마음속의 도덕적 암을 정확히 진단하시는 주님은 우리의 모든 죄에 대한 형벌을 친히 감당하기 위해 이 땅에 오신 하나님의 아들이시기도 하다. 우리가 그분을 신뢰하고 따르기로 결단할 때 우리는 삶의 어떤 두려움에도 매일 필요가 없어진다.

어느 날 갑자기 자신이 암에 걸린 사실을 발견하거나 도로에서 운전하던 차가 우리의 통제를 벗어나서 제멋대로 돌 때도, 혹은 우리의 심장이 서서히 박동을 멈추기 시작할 때도 겁을 낼 필요가 없어지는 것이다. 주 예수님이 이미 우리 죄의 대가를 다 치르시고 죽음의 세력 역시 정복하셨기 때문이다. 우리가 아무리 건강한 생활 습관들로 자기 삶을 연장하려 애써도 결코 꺾을 수 없었던 바로 그 원수 말이다.

이 장을 시작하며 이야기했던 내 조직 검사 결과는 모두 정상으로 나왔다. 하지만 이후에 언젠가 죽음이 찾아올 때도 나는 결코 두려워하지 않을 것이다. 위대한 의사이신 주님이 이미 내 모든 미래를 예비하셨음을 알기 때문이다. 언젠가 내 심장이 멈추는 날, 나는 기꺼이 그분 품에 안길 것이다. 오직 그분만이 그 죽음 너머로 우리를 인도하셔서 자신과 함께 영원한 부활 생명을 누리게 하신다.

이 복음의 약속은 지금 당신에게도 열려 있다. 당신이 삼킬 수 있도록 약이 그 자리에 놓여 있다. 당신이 죽음과 정면으로 마주하는 순간, 이 세상의 그 어떤 약도 더 이상 당신에게 도움이 되지 못할 것이다. 하지만 당신과 나 같은 죄인들을 위해 가장 참혹한 죽음을 기꺼이 감내하신 예수님을 신뢰한다면, 그분이 당신에게 영원히 주시는 것이 당신의 상상을 훨씬 뛰어넘는 생명과 사랑임을 알게 될 것이다.

자, 이제 이 약을 삼킬 준비가 되었는가?

주 . notes .

들어가며.

1. Tyler J. VanderWeele and John Siniff, "Religion May Be a Miracle Drug," *USA Today*, October 28, 2016, https://www.usatoday.com/.
2. Michael Graham, Jim Davis, and Ryan Burge, *The Great Dechurching: Who's Leaving, Why Are They Going, and What Will It Take to Bring Them Back?* (Zondervan Reflective, 2023).
3. VanderWeele and Siniff, "Religion May Be a Miracle Drug."

chapter 1.

1. Dan Witters, "U.S. Depression Rates Reach New Highs," *Gallup*, May 17, 2023, https://news.gallup.com/.
2. Dan Witters, "U.S. Depression Rates."
3. Preeti Vankar, "Percentage of U.S. Youths with a Major Depressive Episode in the Past Year from 2004 to 2023, by Gender," *Statista*, November 4, 2024, https://www.statista.

com/.

4. Derek Thompson, "Why American Teens Are So Sad," *The Atlantic*, April 11, 2022, https://www.theatlantic.com/.
5. Sally C. Curtin and Matthew F. Garnett, "Suicide and Homicide Death Rates Among Youth and Young Adults Aged 10-24: United States, 2001-2021," National Center for Health Statistics data brief, no. 471, Centers for Disease Control and Prevention, June 15, 2023, https://stacks.cdc.gov/view/cdc/128423.
6. Renee D. Goodwin, Lisa C. Dierker, Melody Wu, Sandro Galea, Christina W. Hoven, and Andrea H. Weinberger, "Trends in U.S. Depression Prevalence from 2015 to 2020: The Widening Treatment Gap," *American Journal of Preventive Medicine* 63, no. 5 (2022): 726-733, https://doi.org/10.1016/j.amepre.2022.05.014.
7. "Social Media and Youth Mental Health: The U.S. Surgeon General's Advisory," Office of the U.S. Surgeon General, https://www.hhs.gov/,pdf.
8. 예를 들어 다음의 글들을 보라. Tyree Oredein and Cristine Delnevo, "The Relationship Between Multiple Sexual Partners and Mental Health in Adolescent Females," *Journal of Community Medicine and Health Education* 3, no. 7 (2013), https://www.researchgate.net/, Sandhya Ramrakha, Charlotte Paul, Melanie L. Bell, Nigel Dickson, Terrie E. Moffitt, and Avshalom Caspi, "The Relationship Between Multiple Sex Partners and Anxiety, Depression, and Substance Dependence Disorders: A Cohort Study," *Archives of Sexual Behavior* 42, no. 5 (2013): 863-872, https://pubmed.ncbi.nlm.nih.gov/.
9. Sam Peltzman, "The Socio Political Demography of Happiness," George J. Stigler Center for the Study of the

Economy and the State, working paper no. 331, July 12, 2023, https://ssrn.com/.

10. Kevin Wallsten, "Less Marriage, Worse Mental Health: The 'Marriage Advantage' in Mental Well-Being," Institute for Family Studies, March 6, 2024, https://ifstudies.org/blog/.

11. 다음 글을 보라. Tyler J. VanderWeele, Tracy A. Balboni, and Howard K. Koh, "Invited Commentary: Religious Service Attendance and Implications for Clinical Care, Community Participation, and Public Health," *American Journal of Epidemiology* 191, no. 1 (2022): 31-35, https://academic.oup.com/. 그리고 다음 글도 참조하라. Bert Garssen, Anja Visser, and Grieteke Pool, "Does Spirituality or Religion Positively Affect Mental Health? Meta-Analysis of Longitudinal Studies," *International Journal for the Psychology of Religion* 31, no. (2021), https://doi.org/10.1080/10508619.2020.1729570.

12. Tyler J. VanderWeele, "Religion and Health: A Synthesis," in *Spirituality and Religion Within the Culture of Medicine: From Evidence to Practice*, ed. Michael J. Balboni and John R. Peteet (Oxford University Press, 2017), 357-401.

13. Tyler J. VanderWeele, Shanshan Li, Alexander C. Tsai, and Ichiro Kawachi, "Association Between Religious Service Attendance and Lower Suicide Rates Among US Women," *JAMA Psychology* 73, no. 8 (2016), https://doi.org/10.1001/jamapsychiatry.2016.1243.

14. VanderWeele, Balboni, and Koh, "Religious Service Attendance," 33.

15. "관련 데이터가 있는 다른 25개국을 살펴보면, 그중 거의 절반인 12개국에서 '적극적으로 종교 활동에 참여하는 사람들'이 '종교가 없는 사람들'보다 통계적으로 유의미하게 더 행복하다고 보고되었다. 또한 약 3분의 1에 해당하는 9개국에서는 '종교는 있으

나 활동적이지 않은 사람들'보다도 더 높은 행복도를 보였다. 이런 격차는 종종 두드러지게 나타난다. …… 그리고 어떤 나라에서도 적극적인 종교 활동 참여자가 다른 집단보다 뚜렷하게 덜 행복하다고 나타난 경우는 없었다." 이에 대해서는 다음 보고서를 보라. "Religion's Relationship to Happiness, Civic Engagement, and Health Around the World," Pew Research Center, January 31, 2019, https://www.pewresearch.org/.

16. W. J. Strawbridge, S. J. Shema, R. D. Cohen, and G. A. Kaplan, "Religious Attendance Increases Survival by Improving and Maintaining Good Health Behaviors, Mental Health, and Social Relationships," *Annals of Behavioral Medicine* 23, no. 1 (2001): 68-74, https://doi.org/10.1207/s15324796abm2301_10.

17. Tyler VanderWeele, "Why Public Health Should Attend to the Spiritual Side of Life," *Harvard Public Health*, April 10, 2024, https://harvardpublichealth.org/.

18. Erica Komisar, "Don't Believe in God? Lie to Your Children," *Wall Street Journal*, December 5, 2019, https://www.wsj.com/.

19. Ying Chen, Eric S. Kim, Howard K. Koh, A. Lindsay Frazier, and Tyler J. VanderWeele, "Sense of Mission and Subsequent Health and Well-Being Among Young Adults: An Outcome-Wide Analysis," *American Journal of Epidemiology* 188, no. 4 (2019): 664-673, https://pubmed.ncbi.nlm.nih.gov/.

20. Lance D. Erickson and James W. Phillips, "The Effect of ReligiousBased Mentoring on Educational Attainment: More Than Just a Spiritual High?," *Journal for the Scientific Study of Religion* 51, no. 3 (2012), https://doi.org/10.1111/j.1468-5906.2012.01661.x.

21. "Religious Upbringing Linked to Better Health and Well-

Being During Early Adulthood," Harvard T. H. Chan School of Public Health, September 13, 2018, https://www.hsph.harvard.edu/.

22. "11 Reasons Spurgeon Was Depressed," The Spurgeon Center, July 11, 2017, https://www.spurgeon.org/.

chapter 2.

1. Dana G. Smith, "The 7 Keys to Longevity," *New York Times*, January 4, 2024, https://www.nytimes.com/.
2. Robert H. Shmerling, "Why Life Expectancy in the US is Falling," Harvard Health Publishing, October 20, 2022, https://www.health.harvard.edu/.
3. "Life Expectancy in the U.S. Declined a Year and a Half in 2020," National Center for Health Statistics, July 21, 2021, https://www.cdc.gov/.
4. "New Surgeon General Advisory Raises Alarm About the Devastating Impact of the Epidemic of Loneliness and Isolation in the United States," U.S. Department of Health and Human Services, May 3, 2023, https://www.hhs.gov/about/news/2023/05/03/new-surgeon-general-advisory-raises-alarm-about-devastating-impact-epidemic-loneliness-isolation-united-states.html.
5. Catherine Milner, "Britain Is in a Loneliness Epidemic—and Young People Are at the Heart of It," *Telegraph*, February 29, 2024, https://www.telegraph.co.uk/.
6. "New Surgeon General Advisory Raises Alarm."
7. "Our Epidemic of Loneliness and Isolation," Department of

Health and Human Services (2023), 16, https://www.hhs.gov/, pdf.

8. "Cancer," Centers for Disease Control, October 13, 2023, https://www.cdc.gov/tobacco/campaign/tips/diseases/cancer.html.

9. "How Smoking Affects the Heart and Blood Vessels," National Heart, Lung, and Blood Institute, March 24, 2022, https://www.nhlbi.nih.gov/.

10. Rafael Meza, Pianpian Cao, Jihyoun Jeon, Kenneth E. Warner, and David T. Levy, "Trends in US Adult Smoking Prevalence, 2011 to 2022," *JAMA Health Forum* 4, no. 12 (2023), https://doi.org/10.1001/jamahealthforum.2023.4213.

11. 한 보고서는 이 사안에 대해 이렇게 설명한다. "2000년에는 미국인 10만 명당 절망사로 인한 사망자가 22.7명이었다. …… 2017년에는 그 비율이 10만 명당 45.8명으로 두 배 정도 늘어났다." "Long-Term Trends in Deaths of Despair," Social Capital Project report no. 4-19 (2019), https://www.jec.senate.gov/, pdf.

12. 2001년에 10만 명당 10.7명이었던 자살률은 2021년에 14.1명으로 증가했다. 이에 관해서는 다음 글을 보라. Matthew F. Garnett and Sally C. Curtin, "Suicide Mortality in the United States, 2001-2021," Centers for Disease Control, April 2023, https://www.cdc.gov/.

13. "Understanding the Opioid Overdose Epidemic," Centers for Disease Control, April 5, 2024, https://www.cdc.gov/.

14. "Drug Overdose Deaths: Facts and Figures," National Institute on Drug Abuse, https://nida.nih.gov/.

15. Cara Poland, "Alcohol-Related Deaths Are Spiking. So Why Don't We Take Alcohol Addiction More Seriously?," Association of American Medical Colleges, March 20, 2024, https://www.aamc.org/.

16. Poland, "Alcohol-Related Deaths."

17. R. A. Hummer, R. G. Rogers, C. B. Nam, and C. G. Ellison, "Religious Involvement and U.S. Adult Mortality," *Demography* 36, no. 2 (1999): 273-285, https://pubmed.ncbi.nlm.nih.gov/.

18. 밴더윌은 다음과 같은 사망률 오즈비(odds ratios; 어떤 사건이 일어날 확률(P)을 사건이 일어나지 않을 확률(1-P)로 나눈 값-옮긴이)를 보고한 연구를 인용한다. 신체 활동 OR = 0.67; 금연 OR = 0.71; 울혈성 심부전에 대한 베타 차단제 치료 OR = 0.72; 유방 촬영술 검진 OR = 0.74; 과일과 채소 섭취 OR = 0.74; 종교 예식 참석 OR = 0.75.(오즈비가 1보다 크면 해당 요인이 결과의 발생 가능성을 높임을 의미하고, 1보다 적으면 그 발생 가능성을 줄임을 나타낸다.) Tyler J. VanderWeele, "Religion and Health: A Synthesis," in *Spirituality and Religion Within the Culture of Medicine: From Evidence to Practice*, ed. Michael J. Balboni and John R. Peteet (Oxford University Press, 2017), 360. 다음 자료도 참조하라. Giancarlo Lucchetti, Alessandra L. G. Lucchetti, and Harold G. Koenig, "Impact of Spirituality/Religiosity on Mortality: Comparison with Other Health Interventions," *Explore* 7, no. 4 (2011): 234-238, https://doi.org/10.1016/j.explore.2011.04.005.

19. Shanshan Li, Meir J. Stampfer, David R. Williams, and Tyler J. VanderWeele, "Association of Religious Service Attendance with Mortality Among Women," *JAMA Internal Medicine* 176, no. 6 (2016): 777-785, https://jamanetwork.com/.

20. VanderWeele, "Religion and Health," 360. 위 18번 각주를 보라.

21. Frank Newport, "Most U.S. Smokers Want to Quit, Have Tried Multiple Times," Gallup, July 31, 2013, https://news.gallup.com/.3

22. Qiana L. Brown et al., "The Influence of Religious Attendance on Smoking," *Substance Use and Misuse* 49, no. 11 (2014):

1392-1399, https://doi.org/10.3109/10826084.2014.912224.

23. Ying Chen, Howard K. Koh, Ichiro Kawachi, Michael Botticelli, and Tyler J. VanderWeele, "Religious Service Attendance and Deaths Related to Drugs, Alcohol, and Suicide Among US Health Care Professionals," *JAMA Psychiatry* 77, no. 7 (2020): 737-744, https://jamanetwork.com/.
24. Harold G. Koenig et al., "Does Religious Attendance Prolong Survival? A Six-Year Follow-Up Study of 3,968 Older Adults," *Journal of Gerontology: Medical Sciences* 54A, 7 (1999): M368-M376, https://pubmed.ncbi.nlm.nih.gov/.
25. Maia Szalavitz, "A 'Dopamine Fast' Will Not Save You from Addiction," *New York Times*, September 13, 2024, https://www.nytimes.com/.

chapter 3.

1. Paul A. Offit, "Why I Wrote This Book: Paul A. Offit, M.D., *Bad Faith: When Religious Belief Undermines Modern Medicine*," Casetext, May 17, 2015, https://casetext.com/.
2. Paul A. Offit, *Bad Faith: When Religious Belief Undermines Modern Medicine* (Basic, 2015), 127.
3. Tom Holland, *Dominion: How the Christian Revolution Remade the World* (Basic, 2021), 494. 톰 홀랜드, 《도미니언》(책과함께 역간).
4. Tom Holland (@holland_tom), "이 글에는 '기독교의 큰 나뭇가지 위에 걸터앉아, 철저히 기독교적인 이유로 그 가지를 톱질해 잘라 내는' 인문주의 애호가들이 좋아할 만한 요소가 거의 다 담겨 있다." X, December 23, 2022, 7:21 a.m., https://x.com/holland_tom/

status/1606263821651288064.

5. Yuval Noah Harari, *Sapiens: A Brief History of Humankind* (HarperCollins, 2015), 109. 유발 하라리, 《사피엔스》(김영사 역간).
6. Harari, *Sapiens*, 253.
7. Harari, *Sapiens*, 32.
8. Holland, *Dominion*, 138.
9. Kyle Harper, *From Shame to Sin: The Christian Transformation of Sexual Morality in Late Antiquity* (Harvard University Press, 2013).
10. Bart Ehrman, *The Triumph of Christianity: How a Forbidden Religion Swept the World* (Simon and Schuster, 2018), 6. 바트 어만, 《기독교는 어떻게 역사의 승자가 되었나》(갈라파고스 역간).
11. Jonathan Haidt, "Moral Psychology and the Misunderstanding of Religion," Edge, September 21, 2007, https://www.edge.org/.
12. Haidt, "Moral Psychology."
13. Karl Zinsmeister, "Less God, Less Giving? Religion and Generosity Feed Each Other in Fascinating Ways," *Philanthropy Roundtable*, Winter 2019, https://www.philanthropyroundtable.org/.
14. Nicholas Kristof, "Evangelicals Without Blowhards," *New York Times*, July 30, 2011, https://www.nytimes.com/.
15. Richard Dawkins, *Outgrowing God: A Beginner's Guide* (Random House, 2019), 122. 리처드 도킨스, 《신, 만들어진 위험》(김영사 역간).
16. Offit, "Why I Wrote This Book."

chapter 4.

1. Tyler J. VanderWeele, "Religion and Health: A Synthesis," in *Spirituality and Religion Within the Culture of Medicine: From Evidence to Practice*, ed. Michael J. Balboni and John R. Peteet (Oxford University Press, 2017), 359.
2. Ian Sample, "Stephen Hawking: 'There Is No Heaven; It's a Fairy Story,'" *Guardian*, May 15, 2011, https://www.theguardian.com/.
3. Tyler J. VanderWeele, "Knowledge Beyond Science? Assessing the Evidence for the Christian Faith," lecture presented at Indiana University, October 29, 2017, https://hfh.fas.harvard.edu/sites/projects.iq.harvard.edu/files/pik/files/sciencechristianity.pdf.
4. Stephen Hawking, Eddie Redmayne, Kip S. Thorne, and Lucy Hawking, *Brief Answers to the Big Questions* (John Murray, 2020), 38. 스티븐 호킹, 《호킹의 빅 퀘스천에 대한 간결한 대답》(까치 역간).
5. Russell Cowburn @veritasforum, "우리가 과학을 깊이 알아 갈수록 하나님의 존재가 더 작아지는 것은 아니다. 과학을 통해 우리는 그분의 창조 활동을 더 자세히 들여다보게 될 뿐이다." X, March 28, 2017, 3:01 p.m., https://x.com/veritasforum/status/846799483648327682.
6. Hans Halvorson, "Why Methodological Naturalism?," September 2, 2014, https://joelvelasco.net/teaching/2330/halvorson_methodological_naturalism.pdf.
7. "The Future of World Religions: Population Growth Projections, 2010-2050," Pew Research Center, April 2, 2015, https://www.pewresearch.org/religion/2015/04/02/religious-projections-2010-2050/.